孩子不爱学
大人有问题

[日]**五味太郎** [日]内海阳子 著 连子心 译

新 星 出 版 社 NEW STAR PRESS

新经典文化股份有限公司
www.readinglife.com
出　品

孩子不爱学，大人有问题

目录

我就是

这样一路走来的

——五味先生是绘本作家吧？^①

是的。虽然我从没想过要当绘本作家。

——您没想过要当绘本作家吗？那您想当什么？

我想当什么……我没想过。

大人常常问孩子"你的梦想是什么？""你想当什么？"。我小时候根本没有想过将来和梦想，确切地说，是没有时间去想，更别提当绘本作家了，从来都没想过。

——那您是怎么成为绘本作家的？

我觉得绘本这种形式很不错，想试着自己去创作，于是画了一些自己也不知所云的东西。后来朋友建议我卖给出版社，当我从第三家出版社出来时，就产生了"就做这个吧"的决心。我是个幸运的人。

---

① 本书为对谈形式，提问者是作家内海阳子，回答者是五味太郎。

——这是什么时候的事？

是我二十多岁的时候，我与绘本的初次相遇就是在二十一岁。

——还挺晚的。

当时一个很有个性的女孩送给我一本迪克·布鲁纳的绘本《米菲在海边》，我把它放在了房间里。过了一阵子，忘了出于什么原因，我拿在手里翻了翻，觉得挺好。

从那之后我就常常关注绘本，感到它似乎就在我的身体里。

——这么说您受到了布鲁纳的影响。

没有吧。他并不是令我成为绘本作家的直接原因，只是让我在脑海中留下了绘本这种表现方式很好的印象。如果要说受到谁的影响，应该是那个女孩。

——不论如何，您最终还是成为了绘本作家。

我原本就很喜欢图画、语言和文字的世界，因为喜欢手工制作，还画过广告牌、制作过模特、给百货商店做过商品陈列设计，也做过广告制作、给杂志画插画之类的工作。

在这个过程中，"画绘本"这个想法就浮现了出来。当时我还没有下定决心要以绘本作家为职业，也没有这个计

自主阅读的话，大概是在 20 岁以后吧……

划，但可喜可贺的是，我的书出版了。到第二本书出版的时候，我感觉这份工作比其他工作进展得更顺利，于是重新审度自己，发现果然还是更喜欢独立工作。

就这样，我兴致勃勃地持续进行创作，周围的人也很支持我，为我的书再版，给我颁奖，付我稿费，我没法放弃这份工作啊，哈哈！我就是这样一路走来的。

——您从小就擅长画画吗？

不，我没有小时候画画的印象了，倒是记得用画纸折过纸飞机。

——您小时候看绘本吗？

我不记得看过，只记得下雨天为了打发时间看过一些杂志。

不过，我倒是一直在尝试绘画的表达方式。小时候在学校里流行一种游戏，在一张长长的纸上画上几条不同的道路，卷起来后让别人猜走哪条可以找到宝藏。大家都想玩我画的，因为我画的最有意思。如果把它做成商品，说不定会大卖呢。

我家的卫生间里好像总是贴着我做的"本周猜谜"之类的东西。我自己倒是不记得了，是母亲说我小时候总做类似的事，她似乎也很喜欢玩我画的小游戏。

——您在做画图游戏时，也让周围的人感到了快乐。

我想自己大概具有这样的气质吧。只要看到绘本，就会觉得这个看上去很有趣，我马上就能画出来。

只要学习
就能变成幸福的大人吗

我常常收到来自读者的信和邮件。他们来自世界各地，男女老少都有，其中以中小学生居多。许多人在信中表达了"我也试着画了画""我也想画画看"之类的想法。我的书似乎能让读者跃跃欲试。我甚至觉得，这或许才是我作品的本质。

　　——您作品的本质？

　　我的画很简单，想法和风格也与小时候没有分别。比如《猴子变变变》这本书，是根据"在猴子这个名词后面加上动词"这一想法创作出来的，现在也常有读者寄来模仿的作品。有一次我打完网球回家洗澡的时候产生灵感，只花了六七个小时就完成了全部创作。很简单吧？书却卖了将近三十万册，我暗暗地感到很高兴。

　　它虽然内容单纯，可是很有意思，读者看着看着就会想：

"这样的画我也可以。那就画画试试吧！"

——的确，"猴子来""猴子去"……像这样改变一下动词，就会有无限的组合。您的作品中有许多诸如《语言图鉴》《谚语绘本》《了不起的汉字》这样跟学习拓展相关的书，孩子们高兴地看过之后会自发进行模仿创作。您在创作时有教育方面的考量吗？

完全没有。我完全没有考虑过教育功用，而且这些绘本也和学习拓展没有关系。

绘本和学习看上去有亲缘关系，实际上完全不同。上学的孩子们对此最为敏感，他们似乎一眼就能看穿：五味先生看似在写作文，写出来的东西却和学校要求写的作文很不一样，这是为什么呢？孩子们一定会有这样的疑问，于是就会产生自己也能像五味先生那样创作的想法。大概是觉得我的工作非常简单吧。

因为简单，所以呈现出的东西也单纯，看上去轻松无比。

——您的作品确实都很轻松，您本人也总是带给人放松的感觉。

在这个世界上，沉重是主流。艺术、思想和意识形态都很沉重。学习本身不也是很沉重的事吗？

——总觉得"学习"这个词很不可思议呀！

听我的中国朋友说，"勉强①"这个在日语中表示"学习"的词在中文里的意思是"使出浑身解数努力"，从字面来看就很"勉强"。

——我查了这个词在字典中的意思。

　　[勉强] 哪怕是不可能的事情也要努力、勤勉。

感觉很痛苦……

在我国，人们大都习惯认为做痛苦的事就会获得幸福。这种想法真奇怪。

——只要学习就能变成幸福的大人吗？五味先生，您小时候是个好学的孩子吗？

不好学，而且我非常庆幸这一点。我感受不到学习的重要性，也没空学习，我总是忙于许多学习之外的事。

——为什么不好学值得庆幸？

这是我后来才发现的。你不觉得有很多东西学了之后

---

① 表示"学习"的日语词汇之一，原意为无可奈何地做自己不想做的事，明治以后逐渐用来表示努力学习知识的意思。本文中，五味太郎回归其原意，解读为"被动学习"。

只有学习才会写"勉强"这两个字，不学就不会写，
会一直被大家嘲笑，变得不幸福。

反而更不明白了吗？还可能会留下许多奇怪的记忆。比如地理知识：匈牙利的首都是布达佩斯，那里绵延着乌拉尔山脉；肯尼亚是位于赤道附近的热带国家……这类知识完全派不上用场。

地理知识只有在实践的时候才会真正理解，亲自去过之后才会有真实感受——啊！阿根廷的首都是布宜诺斯艾利斯，与巴西的交界处有伊瓜苏大瀑布！因为位于南半球，所以季节跟日本相反，一月份正值酷暑！

——那里虽然酷热，却没有日本湿气重，到了傍晚气温会降低，得穿长袖。越往高处走，会越凉爽。我也是亲自去了之后才感受到这些的。

这就是为什么我无法理解"为考试而记忆"。我们为什么要学习这些呢？蛇是爬行动物，青蛙是两栖动物；巴赫是近代音乐之父，亨德尔是音乐之母；"十七条宪法"是圣德太子制定的，颁布"五条誓文"的是明治天皇……我们到底在做什么？

——我记忆力很好，所以这类知识相当丰富。

常言道："知道即好事""知识即力量"。我觉得似乎有些不对。

比方说，学校历史课上讲日本的近代化受西方影响，始于明治维新。可是慢慢地我们会知道这种说法并不准确，早在江户时代，岛原藩的藩主就已经开始引进外国先进技术了。大概是因为见识到了远道而来的南蛮船舶，认识了海洋技术，当时的人们都在学习。还有平安时代的空海法师，渡唐之后见识到了大唐的魅力，眼界得以开阔，个人能力得到提升，才能将非凡的所见所闻整理后带回日本进行普及。

近代化不是突然从明治维新开始的，明治维新的近代化其实是"西洋化"。

由此可见，我们需要把在学校里学到的片面的知识逐个抛弃，向更深层次去探索。我们必须重新"学习"[1]。

---

[1] 表示"学习"之意的另外一个日语词汇，相较"勉强"，这个词是更为书面化的表达，本书中，五味太郎将其引申为"主动学习"。

夏目漱石
和空海不一样

——您刚才提到了"学习"一词，"学习"和"勉强"有什么不同呢？

　　不一样，完全不一样。"学"是自动词①，意思是"主动去考虑"。举例来说，空海学、我学、阳子学，强调"学"的主体。"习"是去探索、沿袭、模仿自己感兴趣的事物，一边"习"一边整理，不断重构。在这个过程中，有很多无法沿袭的情况出现，那就需要个体进一步学习。

　　——最终归结于个体的自主性上。

　　而变成孩子们的义务的学习，从根本上来说就是错误的。"勉强"这个词的意思含混不清，它带有"让……去学习""逼迫……去学习"的语感，也就是说，并不是出于个

---

① 日语中的动词有"自动词"和"他动词"之分。"自动词"在意义上强调主语的主动性。

体的需求。比方说，对圣德太子完全没有兴趣的人却得学"十七条宪法"，如果在学习过程中产生了兴趣还好，否则就糟糕透顶了。话说回来，"十七条宪法"也不会让人产生兴趣吧？但是因为考试需要，所以被迫死记硬背，如果写成"十六条宪法"，答案就会被判错。

——真可惜，这种粗心大意经常会出现，只要稍微错一点就会被判错。

因为被迫，个体的学习无法获得有效的进展。

如今可能只有"被动学习"，而没有"主动学习"了吧。因为要被动学习的东西太多，没有时间去主动学习。

我正相反，光顾着主动学习，没有时间被动学习。但不论是布达佩斯还是"十七条宪法"我都知道哦。这类知识就算不努力去背，也会在不知不觉中记在大脑里。

给我写信的快乐的读者，还有在我身边给予反馈的人，不论大人还是孩子，都充满了学习欲。因为有趣，因为快乐，因为感兴趣。

空海渡唐不是别人让他去的，而是他自己非常想去。他作为留学僧随遣唐使入唐，满心激动地远渡重洋，以惊人的毅力去学习。当时的大唐简直如仙境般令他啧啧称奇，

不是我自夸，我活了 90 岁，一直都以为英国的首都是巴黎。
真是丰富多彩的一生啊。

最终，他学成归国。

而作家夏目漱石的情况就不一样了，他去留学是因为上级的命令。他在英国患上了神经衰弱，后来的情况糟糕极了。

夏目漱石是被迫去学习的，而空海是主动去学习的，这是他们二人之间巨大的差别。

——这是非常大胆的分析。

我说的不是他们两人个体之间的差异，您别误会。我想说的是漱石和空海所处时代的差异。

崭新的明治时代是日本的一个转折期，政府的政策是向西方学习。为了发展文明、跻身近代国家之列，日本通电、修铁道，人们穿上西装，孩子们开始上学，甚至近代战争也变成了学习的内容。无论是社会制度、学校制度，还是军队制度，全都模仿西方而建立。

在日本推进近代化的过程中，人们的观念从主动学习变成了被动学习。"不得不学习""不能不学习"的意识让人们觉得不学习就会被毁掉。

——在那之前没有被动学习的情况吗？

没有被动学习的制度，也没有必要。明治维新之前，主动学习就足够了。被动学习的制度明显是从西方引进的舶来品。

——我们国家那个时候相当懵懂啊。

人们总说明治维新让日本在近代化方面变得更好了，难道明治维新之前的日本就混乱不堪吗？难道之前的时代就完全是未开化的、不文明的、野蛮的、混乱的吗？江户时代的日本不是一个国家吗？这样一想就会发现事实并非如此。实际上从六、七世纪起，甚至从更久远的绳文时代开始，我们这片土地上就已经有了高度发达的文明。

据我推测，我国在没有明确的学校制度之前就有着非常积极的学习制度。纺织、建筑、陶艺……这些领域中有很多人在学习和模仿从中国大陆和朝鲜半岛传来的技术。人们以"传承"的形式进行着教授和学习，也就是说，日本那时就诞生了教育。

——日本很擅长模仿，并呕心沥血地将模仿所学改良并发扬光大。现在也是这样。

我国的绘画领域留存有许多杰作，也存在着学徒制等许多传承方式，还有完整的供需链。室町时代出现了雪舟，桃山时代已经有类似于绘画大商社的狩野派。进入江户时代后又有尾形光琳、俵屋宗达、圆山应举等等，英杰辈出，美术产业已经形成。

那时候绘画领域既没有美术大学，也没有所谓的学生，考验的是一个人现场作画的能力，是个体之间的战争。一开始就无法适应的人，无法在这个行业生存。

——也就是说，没有才能的人从一开始就不会被绘画行业所接受，真残酷。

对，要先了解自己的才能，待进入这个行业后就要将才能发挥到极致。没有"学校"这种机构，要想活着，就得靠自己。自力更生是生物、生命的本能，靠自己才是根本。我认为生命这种最根本的本能在当今似乎发挥得并不顺利。

——是因为把事情都交给别人来做了吗？

以前的教育是即时的、自然而然的，比如女儿在母亲身边看她做饭，在看的过程中就记住了做饭的步骤。耳濡目染，在不知不觉中传递了知识，这样的教育方式非常有效。在没有建筑学校的时代里，工匠们建造五重塔、东大寺、唐招提寺时，不断思考，历经成功和失败，经验和知识都通过学徒制传承了下去。像这样自然而然的教育方式，如果能在近代化的过程中保存下来该有多好！

为什么追赶和超越

日本通过明治维新推行"西洋化"的时候，没有仔细考察当时的现实情况，就下意识地全盘否定。

不知道为什么，那时人们相信向西方学习是最好的选择，本该持有"竟然还有另外一种方式，真有意思"的态度，却在不知不觉中焦躁起来，产生了诸如"迟了一步""被落下了""再不赶快就来不及了"之类不明所以的焦虑，所有领域都倒向了西方，认为日本之前的方式陈旧、腐朽、错误，从而将自己原有的精神连同制度一起埋葬了。

——那时候真是混乱，个人和社会都陷入了一种对自身和传统的怀疑之中。

甚至连培育人的方法也是向西方学习的。

人们通常认为做学问就是学习形而上的、抽象的事物，然而，如果不与现实中具体的事物相结合，就会不求甚解。

只有产生了实际感受，人的能动性才会显现。

之前的日本明明有这样的教育，却被全盘否定了。孩子们开始去上学，被迫去学习，抛却了实际感受，遗忘了传统的生活感觉。

——确实如您所说，在学校里的学习并不伴随着实际的感受，大部分时候像空中楼阁。

难道这不是因为很多成年人并不明白哪些该学，哪些不该学吗？

生活在不同土地上的人拥有不同的特质，每个民族都有自己的特质，可是大和民族却在学习盎格鲁－撒克逊人或日耳曼人的过程中，否定了自己民族的独特性。

我认为学校制度对于盎格鲁－撒克逊人来说是必要的，却不适合大和民族，理念本身就不适合。

对于生活在这片土地上的孩子们来说，最好的学习方法是什么？

当时是考虑这些的好时机，可是那些愚蠢的人只想着学习西方教育理论，譬如大肆引进斯坦纳和让·皮亚杰的教育理论。

——日本特有的学校制度是寺子屋吧？

这是斯坦纳和皮亚杰口味的理想儿童餐，请您品尝。

我觉得寺子屋不算学校，它不是让人被动学习的机构，实质是一种主动学习模式。那些想学习手艺的小学徒们可都是争先恐后要去的。

奇怪的是，当时没有一个日本人写出教育理论，想必是没有必要吧。因为当时的教育体系已经相对完善，而且设计精良。

然而，"西方的就是高级的"这一观念在不知不觉中渗透到了衣食住行各个方面。

比如，我们与盎格鲁－撒克逊人或者蒙古人体型不同，肤色不同，并不适合西方的着装。然而，我们中止了此前在本民族服饰方面的探索，改穿西服，国人也失去了自信。无论怎么怀旧，大力推崇欧化的鹿鸣馆时代的着装都令人作呕。

——可是近来孩子们的体型好像越来越近似于西方了。

是吗？莫非大和民族的体质在慢慢变化？对此我不太清楚。或者人的体型也在全球化？

——"年轻人苗条、中年人丰满"的全球化。

不管怎样，一直以来，我们都在"追赶和超越西方"，生存得非常辛苦。产业领域可能需要这样的竞争，但文化不是竞争。

况且，提到追赶和超越，意味着从一开始就输了。

我们左顾右盼，总之就是不自然。

本该专注于自己该做的事，却仓皇地西洋化；明明拥有独特的教育体系，却勉强拿来西方的学校制度，把孩子们收容在这种不负责任的空间里。

这种意识从一开始就是二流的，源于一种"把笨蛋变成不那么笨的人"的想法。学校教育从一开始就把孩子们当作愚蠢的、不完整的存在，这种观念直到今天依旧盛行不衰。

所以像我这样自尊心强的人从一开始就不适应学校。贫瘠的教科书把人当成傻子，教室就像收容所一样，再加上各种不合理的规定和纪律。就因为这样，有活力的孩子才会逃跑。

——我觉得自己也算是个自尊心强且有活力的人，可是我没有逃跑……我不讨厌上学，也没有其他事可做。

你真是个好孩子。

我虽然也是好孩子，却逃跑了。你觉得自己应该中规中矩，我觉得自己应该不走寻常路，每个人的判断不同，这没问题。

问题在于，在这个只会死学习而不会变通的社会里，越来越多的人不知道自己该做什么了。

大多数人无法从根本上抗争，只能去抗争学校制度。

所谓的基础

不学习的孩子会被说不用功，其实问题的根源在于学校。因为讨厌学校才不认真学习，这样的孩子有其他更适合他的学习方法。而且这样的人有很多。

　　——您是说，只要学自己想学的东西就可以了吗？

　　是啊，他们除此之外也不想知道其他的东西啊。"我不想在学校学习嘛，我不想学我不想知道的事……"

　　——在我的印象中，学习是一个积累的过程。学校是掌握基础学习能力的场所，在那里每天积累知识，慢慢就能理解更多的事。突然想学一个东西时，平时只学习想学的东西而没有基础学习能力的人能做到吗？

　　"基础"是一个让人痛苦的词。"基础不扎实将来就没有出息""基础不好就没有未来"，这样的想法真的对吗？

　　对建筑物来说，基础确实重要，基础不牢就会摇摇欲坠。

可人又不是建筑物，不管怎么看都不是。也就是说，人不是人为制造的物品。你觉得人是在基础夯实之后才诞生的吗？并不是，这是把人当成了物。"趁热打铁"这种说法可以说是唯物论发展不充分的结果，像打铁一样，把耐性放进孩子的身体里去锻造，简直太可怕了。

基础学习能力本来就是一个模糊的概念，没有经过科学验证。人们随意把它安在一些事上，然后就开始频繁地使用。真要说起基础学习能力，过去的"读写算盘^①"不就足够了吗？

——为了生存所必需的最低限度的能力。

比方说，打棒球的基础能力就是要知道最基本的规则：两队轮流攻守，三振出局就换队攻击。不知道这些，比赛就无法进行，至于更详细的规则自己玩着玩着就知道了。谁都能告诉你这些简单规则。所谓的基础就是这种程度而已。

——我常常在电视上看棒球比赛，却没有打棒球的基础能力。

那是因为你没有兴趣，这没什么。问题在于，就算别人教你规则，你也没有听，不是吗？

---

① 江户时代寺子屋教授儿童的三大技能，即阅读理解、作文表达和计算。

基础打好了，不管发生什么都不会再摇晃！
请放心。

——很抱歉。

再比如，在日本生活，使用日语就是基础能力，不会日语就寸步难行，因为它是生活的工具。

那么，人们在学习中所谓的基础能力又是什么呢？我想，大概就是学习者本人觉得是基础的部分吧。这个基础不等于人们普遍认为的一般的东西，这一点还是很有趣的。基础是个性化的，就像人生来的相貌各不相同一样。

可是，自从学校制度强行规定了基础之后，学习就变得令人痛苦了。

——也就是说，对一个人来说，只有他自己能判断某些知识是不是自己生存所必需的。

这是最理想的。除了当事人之外，谁也无法为一个人决定哪些应该是他的基础。因为这是他自己的事，生活也是他自己的。

我认为普适的基础知识是不存在的。

这世上居然有"通识"这样奇怪的词，简直就是糊弄人。它覆盖的范围相当广泛，并且设定普罗大众都应该知道，我不明白为什么要这样做。光是要掌握通识，人的一生就差不多到头了。

举个例子，就连在绘画这个十分看重天资的领域里，人们也常说没有基础就不行，要进行专业训练。他们往往认为对于一个学习者来说，个人的资质和基础都很重要。但其实，在某些神话里没有基础也不会搞砸。

——神话？

或者是传说吧。其实就算没有掌握素描基础也不会搞砸，就算搞砸了也没关系。

画画时必须先学画以古希腊为代表的西欧古典石膏像素描。这是约定俗成的规定，若不这样做，就会被认为没有未来。大家都默认这一点，如今都做着差不多的创作，都会画古希腊石膏像素描，诸如维纳斯、布鲁特斯、阿格里巴之类，甚至更多。

但是仔细想想，似乎有什么地方不对，因为这并不适合东方。

我认为，学画画不必非得练习古希腊石膏像的素描，素描作为一种基础学习的作用被夸大了。而这种夸大正是源于这种想法：总之这是基础，虽然没什么特别的理由，古希腊很伟大，所以不需要想太多。

人们认为如果不这样做就成不了厉害的画家，而照做就能成为想成为的人，与其花时间疑虑素描是否有用，倒不如抓紧时间多画两幅。画得好才能入学，这就是美术大学的招生标准。

顺便提一下，我也曾报考过美术大学，不过校方没有录取我。

——为什么报考美术大学？

因为对艺术感兴趣吧。但我那时候没有系统学习过画古希腊石膏像，所以画不好素描。

——为了考上而努力学习了吗？

嗯，我去了绘画培训机构，用自己的方法学习了石膏像素描，大概是谁都没有尝试过的、具有里程碑式意义的方法，你想听吗？算了，还是等其他机会再说吧。

因为我不是学院派，所以没有被录取。

——所谓的美术教育是什么呢？

老实说，我也不知道，连它是否应当存在也不好说。如果说呼吸和排便都需要教育的话，那么美术教育也有存在的必要……从事所谓美术教育的人认为，从具象画课程毕业之后才能慢慢了解抽象画，因此孩子还不到画抽象画的时候。真是胡说八道。在他们看来，基础就是写实吧。

学不完的通识

大多数人只考虑眼前的发展。认真工作就能成为主管、经理，顺利的话还能升到高层。为了明天和未来，按部就班地活着。

为了终有一天能画出优秀的作品，即使没那么有趣，也拼命练习素描。我过去上培训机构的经历也是沉重无比。

——为了将来而努力……

也就是被动学习。

食盐的主要成分是氯化钠；《流浪者之歌》由帕布罗·德·萨拉萨蒂作曲；乌拉尔山脉位于俄罗斯；"小春日和"指的不是春天而是秋天；土豆是块茎而红薯是块根；三角形面积计算方法是底乘以高除以二；中森明菜是演唱了《眼泪不是装饰品》的早期偶像歌手……这些就属于通识。

——就像答题节目一样。

一般大家都会默认具有通识的人是一个优秀的人，而不厉害的知识不记也罢。可是把演艺圈相关的问题从通识中排除，倒又像是不完整了一样。

——这种默认的规则是从什么时候产生的呢？

可能是自然而然出现的，从中国的科举制度出现时就已经有了吧。

基础知识的存在是为了表现体面和礼貌，证明自己是绅士淑女和现代人。这种基础非常重要，NHK[1]还出了名为"基础英语"的节目。

掌握了各种基础之后，就能称得上是一个优秀的人。不过学习基础知识也用尽了一生的时间，真是"可喜可贺"。

——既然称之为基础，在其之上一定会有积累吧。

哪里有那么多时间呢？本来一生的时间都不够钻研一样事物，要想掌握大范围的通识的话……

——为了学习这些通识就要花费一生的时间啊。

具体来说，我认为社会并不是由基础构成的，而是由与之类似的东西构成。

比方说，求三角形面积的知识在实际生活中很少用到。

---

[1] 日本广播协会的英文缩写。

有一次做讲座时我问大家："在实际生活中曾遇到需要求三角形面积的情况，并当场想起了底乘以高除以二的公式而计算出来的人请举手！"结果没有一个人举手。三角形在生活中的存在比我们想象的还要少，除了关东煮的魔芋块、斜切的三明治、三角巾……还有什么呢？这些计算公式在生活中不常用，却占用了我们的大脑。圆周率、联立方程、平方根，还有更难的微积分、三角函数等等，这些都属于通识吧？

大家为了成为具备通识知识的人拼命学习，拥有了自己的房子，了解了部分音乐知识，知道了一些诸如塞尚、雷诺阿和毕加索的区别之类的美术常识……为了检验这些通识知识，又安排了考试。

——听起来好难受。

不管怎么说，如此一来总还是能记住一些东西，但因为没有实际感受，即使记住了也没有什么自信去应用。因此被动学习的人常常会生出诸如"我虽然喜欢音乐，但没有那么了解""最近有些忙，没时间看"的烦恼。问题一旦深入，他们就会陷入窘境，真可怜。

——好不容易积累起来的知识却……

如果你想知道此人脸蛋的面积，用半径 × 半径 ×3.14
就可以得出答案。请试试吧。

想从事某项特定的工作之前，先检验一下至今学到的通识是否有用。能称得上有用的，估计就只有之前提到的"读写算盘"了。

——除此之外的通识都没有必要学习吗？

在从事专业性强的工作时，之前学到的知识反而会成为阻碍，还要重新学习，因此才会出现从学校毕业后不能立刻找到工作的情况。要有目标地去学习才行。

还有一些工作，与学习的知识毫无关系，一般人都可以做，只要稍微了解规则就能胜任。这种情况下，花费十几年时间去学习又算什么呢？

——还要从头再来，除了劳累什么也没赚到。

只会被动学习的人

为什么社会变得以学校为中心呢？只能在学校学习，在学校成长，好像除此之外就不行一样。

　　——大概是因为孩子一天的三分之一时间都是在学校里度过的吧。

　　说到底还是为了考试，而考试又是为了升学。为了考试而记忆、计算、写文章、背公式……这样得不到任何知识。

　　此外，思考力、研究力和创造力也都要从学校获得，甚至连正确的习惯、善恶的判断都要在学校里学习。为此，学校还准备了相应的课程和考试。比如，文章的阅读理解会要求分析某个角色的想法，或者把某段话的要点总结一下，要求五十字以内，等等。

　　一道以熊为主人公的题目是：请想想熊当时的心情。A同学诚实地答道："我又不是熊，我怎么会知道……"结果就被老师判错了。其实老师期望看到的是他们预设好的答案。

——确实，规定之外的答案是不会获得分数的。老师也很困扰啊。

我们的初级英语教育之所以不成功，只是因为日本不是使用英语的国家。如果生活在英语国家，不知不觉中就会掌握英语。方言也是如此。比如一开始完全不懂冲绳方言，在那里住一段时间之后，自然而然就学会了。

这就是我说的主动学习，是自然而然的，不是被动的。就像在一个地方生活一段时间后，自然会习惯那里的温度、湿度一样。

——说起习惯，也有一种观点认为学英语应该从小养成习惯，自然而然地掌握。

这不是观点，而是谣言。

就算从小上英语培训班，每天一进家门只能说英语，可以熟练说出"Nice to meet you"和"I like banana"，但只要不是处于实实在在需要说"Nice to meet you"的环境，就是毫无意义的。有趣的是，让孩子去上那种培训班的父母们有共同的托词："绝不是强迫孩子去的""孩子自己也很高兴呢"。培训班也在努力营造愉悦的氛围。我见过好几个那样的地方，老实说都很奇怪。

还有一个误解，英语说得不好其实不是语言的问题，而是沟通能力的问题。这种细微的差别不亲身体验是不会理解的。

——这样说来，您的英语怎么样？

不太好。我的书在国外出版后，我去欧洲和出版社的工作人员见面时总会被问道："五味先生，您精通英语吗？"其实我并不精通。但奇怪的是，虽然我只会很少的英语，与人沟通却没什么问题，而且身边总会有人陪同，有难度的沟通交给专家就好了嘛。

——团队合作。

冷静地分析会发现，决心要"会说英语"的人实际上只会反复说一些无聊的、没营养的话。当遇到真正重要、不得不说的专业方面的事情时，他们反而说不出什么来了。由于只具备通识，所以哪怕是用母语表达都很困难。不管会不会说英语，笨蛋就是笨蛋。

——这么说……笨蛋是指被动学习的人吗？

是指不会主动学习，只会被动学习的人。

I can not speak English！
Exactly！！

——那会应付的人呢？

会应付的人是只会为应付而努力的人，只有单一的应对能力，一直在努力练习应付。他们认为只要学习，就能掌握一定种程度上的通识，从而变成还不错的大人，但其实他们也是笨蛋。当被问到为什么会这样时，这种人就只会说"就是那样啊"。

——嗯，这种应付确实不太好。不管是政府机构的窗口工作人员，还是交通警察，很多人都只会用高高在上的态度说一些模糊不清的话。

主动学习的人在学校里也许学习不好，却能够正确应对事态。他们遇到不会的事后会去思考，而不是不懂装懂，蒙混过关。

那些一直在被动学习的人缺乏随机应变的能力，面对孩子的时候也只会强迫道："去学习！"除此之外没有其他说辞。当孩子做得不好时，他们也只会发怒："至少读个高中""做不到的话就滚出家门"，简直糟糕透了！这种情况很普遍、很常见。于是，天生的主动学习者就被逼成了被动学习者，可怜极了。

——这也就是被动回应和主动应对的区别吧。

本质完全不同的学习

——这世上似乎存在着两种人：被动学习者和主动学习者。

一种人将与生俱来的"主动学习"特质贯彻一生，另一种人则在社会体制中不知不觉地变成了被动学习者度过一生。

——不知不觉，这个词真是模糊啊。

如今被动学习者是主流，由他们构成的社会也漏洞百出。于是主动学习者开始认为被动学习者建立的社会脆弱危险，还缺乏趣味，令人痛苦。但是主动学习者生来具有从容的特质，他们的批评也有点姗姗来迟。

——要怎么做才能保持主动学习者的特质呢？

当意识到要根据目的和实际情况去学习时，就重新夺回了主动学习者的特质。也就是说，主动学习者会自我修正努力的方向。被动学习到最后都会令人生厌，主动学习却能让人愉快地不断前行。两种方式看上去都是在学习，其实本质完全不同。

——学习方法不同，老师和教材也不同。

我的书有很多是关于学习的，是让人主动学习的书。包括迷茫的人在内，大家不由自主地跟随着我。我的书还被纳入教材，读者觉得很有趣，在不知不觉中开始了主动学习。比如拙作《谚语绘本》，貌似给人一种学校教科书般的印象，可是为了让读者理解"如虎添翼"这个词语，我会用自己的话来解释："如虎添翼，用现在的话来说，就相当于原本美貌的人又被赋予了强大的力量，变得更厉害了。"比较古老的词汇，尝试着用现代说法解释，就能完美地（自己说自己完美也是主动学习者的一个毛病）进行语言的转换。这就是主动学习的成果。

——您是指主动学习者会实际应用吗？

不，不是的。主动学习，意味着通过兴趣导向来学习，目标不是通识，而是自己想知道的知识。以掌握通识为目标的人可能会认为"考虑那些事有意思吗？不是在钻牛角尖吗？"，主动学习者则认为"这样揪着一个问题不放才有意思"。总是独自思考的主动学习者在被动学习者眼中大概像个傻子吧，不过这无所谓。

——主动学习者更容易专注。

比如宫泽贤治，我们从小就会看他的作品，课本里收录的《不畏风雨》因为是用片假名写的，会让人误以为非常简单，《银河铁道之夜》也给人浪漫轻松的感觉。通识学习者只会说"小时候看过"，反正自己已经从学校毕业了。事实上，有很多人对这篇文章难以忘怀，认为只当作通识对待难免有点可惜，于是就会变成主动学习者，去感受其中的趣味，一直看下去。这是因人而异的。作品的意义是什么？作者想表达什么……在探索的过程中就会发现小贤的作品中蕴藏的能量。（啊，不好意思，不小心把宫泽贤治先生叫亲切了。因为感兴趣所以不禁产生了亲切的情感，这大概也是主动学习者的一种毛病吧……）我认为他的书经常能激发人们去主动学习。

于是，满足于通识的人只会发出"宫泽贤治真独特""不认可宫泽贤治不行啊""不知道宫泽贤治就不能说自己具有通识"这样的泛泛之谈，而主动学习者已经远远超出了很多。

我想成为不畏《不畏风雨》的人……

为什么那么匆忙

大致来说，日本似乎从明治维新后就形成了以学校为中心的社会。从早到晚，从周一到周五，学生们都被"腌"在学校里学习。

　　在二战后的经济复兴和工业中心主义的社会浪潮里，成年人从早到晚被"腌"在工作中，孩子们从早到晚被"腌"在学校里，不上班的妈妈则被"腌"在家务之中。总之，"腌"这个词很合适。

　　——跟中毒的感觉差不多。

　　就是投身于某件事并为之拼命的状态，不是一晚，而是每天。如今是"拼命"的时代，孩子们理所当然地拼命，老师们也一样。

　　不知不觉中，学校担负起了全面照顾孩子生活的责任，孩子们做什么都得在学校里。

——老师完全被"腌"在了孩子里,孩子们也完全被"腌"在了老师里啊。

老师不仅被要求指导孩子们学习,还要兼顾生活态度、健康卫生、礼仪道德等许多方面。

——这么说来,学校里确实有对指甲、手绢和纸巾的突击检查。

孩子们的成长完全成了老师的工作。老师优秀,孩子就能好好成长,反之亦然。然而,这本身就是不合理且不自然的,实际效果也不会尽如人意。其结果就是:简单的教养,简单的教育理论,简单的健康管理论,以上这些长久以来都由学校负责,尽管学校并不是刻意为之。比方说,提起健康管理,就是测量身高和坐高,以及结核检查和卡介苗接种。

——还有为了预防新型流感的洗手指导。

这些本应是保健中心的工作,不知道为什么由学校来负责。而且学校竟然还形成了一种匪夷所思的"掌管人生"的制度,即为孩子决定未来的出路,将他们送入下一所学校。还有什么升学指导啦,三方面谈之类的。

——啊,气氛越来越沉重了!

可想而知，参加面谈的老师与学生相处的时间并不长，再加上学生人数众多，无法掌握他们完备的必要信息，只能以学生的态度和考试成绩作为参考来指导他们的人生，家长们则把孩子完全托付给学校，因此跟老师一样都不了解孩子。然而就是这些不了解孩子的人一起参与三方面谈。这样的三方面谈很奇怪，孩子自然也很懵懂。

"这场面谈是请大家为你的将来一起出谋划策。"听到大人这么说，懵懂的孩子就会认为的确如此。"反正你学习也不好，上专科学校吧！""上专科学校，早点出来工作！""你成绩挺好的，上大学吧！""我们家没什么钱……""那就上公立大学吧！不过太难考了。"孩子就这样在懵懂中决定了自己的未来。不过大体上孩子们的未来还是可喜可贺，值得庆幸的。

——孩子们很单纯，因为自己没有经验，就把老师和家长视为人生的前辈，相信他们的话。

如果孩子对大人提出自己不太明晰的想法，譬如"我想自己再考虑考虑""我想先休息一阵子""我虽然有很多想法，但还没考虑好呢"，大人们却只会觉得孩子的想法没什么意义和价值，只想尽快了结这件事。于是，在许多事

说什么三方面谈，其实也不过是领导的指示，
我根本不知道该怎么做。
就算做了，不行还是不行，学生家长也只是被叫过来而已。
这份工作只是为了赚钱，我并不想承担太多责任，
而且操心自己生活之外的事真的很辛苦。
说什么孩子孩子的，我自己都没孩子，也还没结婚呢。
赶快结束吧！这种事麻烦死了，真不想做，真是的！

情都还没搞清楚的情况下，双方就匆匆做了决定，给人一种"就先这样吧"的感觉。

——为什么那么匆忙呢？

对家长和老师来说，这只是一项工作，而且他们从一开始就对这项工作没有干劲，只是因为轮到自己来负责罢了。他们只想尽快了结，不希望给自己惹麻烦。

就好像需要大扫除但又不太想做的时候，只是因为天快黑了，再不打扫就来不及了，于是匆匆搞定。

总之，就是一种类似于"处理"的感觉。

——就像临近过年时只匆忙地装饰可见之处，营造出一种过年的气氛。

大扫除清理出很多杂物时，会犹豫该怎么处理，是扔掉，抑或再放一阵，没准还用得上？最让人发愁的就是那些食之无味、弃之可惜的东西，于是就会产生"赶快决定"的想法。

在处理孩子的事情上也是如此，不明了的情况实在太让人苦恼了，于是想赶快了结。

而处于"孩子"这个不可思议的位置上的生命，在懵懂之中本想冷静下来去思考和感受很多事情，却遭受忽视，光是说服家长和老师就已经筋疲力尽。

　　而且，在学校里学到的东西也不足以让人具备充分的表达能力。孩子在学校里光顾着学习分析熊的心情了，没有获得最重要的准确表达自己心情的能力。因此，他们想说也不知道怎么说，只得沉默以对，或是说出"你们都不了解我"，甚至"我又没有求你生下我"这样不得了的话。这虽然不是得体的表达方式，却是十分贴切的呐喊。

不懂爱的父母

"没人懂我""没人在乎我"……孩子说的这些都是事实。

家长和老师却会装出一副在乎的样子来。应对孩子对他们来说就像大扫除一样，只是一份工作。他们甚至还会歇斯底里地喊起来："我这么在乎你！你怎么就不明白呢?！"夸张的大人甚至还会说出"我这么爱你"的话来。

——是真的爱吧?

真的爱，不过，是孩子爱父母哦。

——父母也爱孩子吧?

嗯……这就是不可思议的地方了。既然爱，却为什么……

辛苦生下来的那么可爱的孩子，为什么要丢给社会，完全听从幼儿园、学校老师的安排? 我觉得这非常不可思议。理性地想想，我认为爱包括互相认同对方的人格——

你是重要的，我是重要的，互相承认对方的重要性，这才是爱的表现，和恋爱略微不同。既然如此，为什么又对孩子弃之不顾呢？

——正因为觉得重要才放手，不是吗？常言道："爱孩子就让他经风雨。"

父母不在乎孩子的想法，而是在乎社会上的风气，以社会的标准去对待孩子。

而孩子则以一种近乎原始的、本能的情感爱着父母。虽然这份爱很懵懂，却已足够。父母已经失去了爱的活力，他们的爱里混入了许多杂念，他们既没有爱的时间，也越来越不懂什么是爱。于是他们丢掉了生物学意义上的父母身份，变成了具有社会属性的指导者和监督者。比起用心地爱身边重要的人，他们更在乎社会风气。从根本上来说，我认为他们没有学习过如何爱自己，社会也在不断地妨碍他们爱自己。

——您是指明治维新之后形成的社会风气吗？

我认为根源之一就是教育制度。以提升能力和实力为唯一目的、提倡拼命努力的教育制度侵蚀了孩子，父母只想着让孩子受教育。他们自己也同样是受害者。

这就是没有被爱过的父母的成长史。

他们的孩子依然得不到爱，自然也不具备迎接爱的心理能力。这是根深蒂固的传统。

——没有被爱过……能这样断定吗？

我觉得这样说无妨，除此之外没有更合适的说法了。

举个例子，假如老师跟父母说："您家孩子捣乱了。"父母一般不会回答："他可不会无缘无故捣乱。"如果去问孩子，一定会发现他的行为是有原因的。我认为要认真对待孩子的捣乱行为，认真对待孩子的存在。父母觉得孩子可爱，自然而然就会这样做，这就是生理意义上的亲子关系。

然而大部分父母只会慌张地斥责："怎么回事？！"然后好为人师地命令道："不要捣乱！"

——孩子如果解释，就会被训斥是在找借口。

老师也很少去探究孩子行为背后的原因，而只是轻率地说"他是个撒谎精""他在教室里走来走去，我管不了"之类的话。我只能遗憾地说，这些大人不曾被爱过。

——您说的是不被父母相信的孩子？

是的。爱，就会相信。我认为，爱是一种轻松愉快、悠闲自在的心理状态。玩"爱和被爱"的过家家游戏很糟糕，

喂，说清楚，爱还是不爱？

还有亲人过家家、友谊过家家、恋爱过家家，等等，都很糟糕。

——为什么会变成"过家家"呢？

因为信赖关系很容易分崩离析，为了弥补不足，人们就会有意识地用语言的形式去巩固这种关系。比如"家人的爱"，还有像"恋爱""友谊"这样的词汇，都被赋予了过度的价值。类似的例子还有很多。这样草率是不对的，其结果就是，伪装的"家人""恋人"和"友人"横行于世。

——的确，小学生会相互询问："我们是好朋友吧？"我觉得这样的情感交流方式充满了不信任。

恋爱也是，有人非常在意自己有没有恋人这回事，为了恋爱而恋爱，缺乏真心。家庭也是，展示出一副家庭和美的假象，或者故意聊家人之间感情的话题，反倒让人越来越不舒服。

——在这些人周遭也会弥漫着虚伪的氛围吧。

在这种氛围下，家人的爱是好的，恋人的爱是好的，友情是好的——多么像庸俗小说或连环画的情节啊。这些人的身边还存在虚伪的肉体关系。人的身体是自然物，会自然而然地受孕、生育。可精神无法自然地发育，他们就只能装模作样地考虑如何抚养刚出生的婴孩。比如，买来众多可爱的婴儿用品和绘本之类的东西，营造出一片和和美美的氛围，让自己觉得如此生活下去也不错。

——这就是电影和杂志中常见的完美家庭和完美育儿模式。

这是虚伪的，因此有局限性。年轻的父母只能依靠当今的育儿理论和教育理论这些类似于指南的东西来学习育儿。指南类书籍适合的都是实务，例如烹饪、电脑入门、股票交易、婚丧嫁娶的礼法之类，于是育儿也变成了一种实务。由虚伪开始的事情只能虚伪地进行下去，后来的所谓初等教育也沦落成了指南，连孩子在表达自己的心理状态时也经常用模式化的方式。

——这是什么意思？

比如，要温柔，要与人为善，要为别人考虑，要有感恩之心，就算和朋友吵架也要尽快和好，还要互相帮助之类的，学校教的都是这些，总之，情感交流也要在学校学习。孩子会认为独自一人是可悲的，和大家在一起才快乐，回到家才会安心，做了错事就要受罚……用这种模式化的方式思考处理情感，孩子的内心会变得非常狭窄，对事物的接受度也变得越来越低。

在生活中，如果婴儿哇哇大哭，人们也只会用模式化的方式去处理。有的父母甚至会直接问婴儿："你为什么哭？"我想婴儿自己也不知道。婴儿的哭泣绝不能、也不应该用模式化的方式来理解，长期这样处理问题就会迷失方向，肯定会有无法处理的情况，那时，婴儿甚至会陷入危险。

孩子真的很在乎你

肤浅的教育理论总是物化孩子，堂而皇之地提出"重复就能记住""趁热打铁"之类的论点，认为"必须要让孩子学习礼貌和道德""给孩子很多爱，孩子就能成为优秀的人""多读绘本，孩子就会变得情感丰富"……有些大人竟然相信了如此粗暴简单的物化言论。我只能认为他们没有被爱过，内心的某些地方已经被破坏掉，或者还没有发芽，他们为人父母之后仍然不懂什么是爱，甚至不知道孩子在爱着自己。

　　——但是孩子意识不到父母的状态吧。

　　孩子真的很在乎父母哦。孩子会担心爸爸妈妈，还有老师。可以这么半开玩笑地说，如果能让孩子担心，就是成功的父母了。

　　真的是这样。被好好养育的孩子是会担心父母的，因为父母对他们而言是重要的人。如果孩子关心、担心父母，说明他是被好好地抚养长大的。我的女儿们到现在还会担心我。

——不是父母担心孩子，而是让孩子担心，是吗？但是大部分父母都在为了自己的社会属性而拼命努力。

我们这个社会没有慢慢守护孩子自然成长的习惯，只会从社会的角度看待自己的孩子，这太可怕了。大概因为父母接受的教育就是这样——只能在社会、学校里认识和了解一个人。哪怕回到家里，他们也只会以学校的标准来要求孩子："学习了吗？""作业写完了吗？"父母也是在这样的环境里成长起来的，他们始终不明白，还有很多事比这些更重要。

孩子做的很多事都是为了得到老师的表扬，或不被批评。被老师判定"优"，那么自我定位就是"优"；被老师判定"良"，自我定位就是"良"；被判定了"差"，那就自认是差生。

老师的评判成为孩子自我认知的全部。孩子畏惧老师所拥有的评判力，畏惧社会中他人的眼光。他们无法清晰地意识到自己的恐惧，最终变成了完全畏惧社会的人。这就是学校教育最大的罪过。

　　——相当于抹杀了自我。

　　不，是被扼杀。孩子与生俱来的能力几乎被扼杀殆尽，被"再"教育（虽然教育机构并没有意识到"再"），最终"可喜可贺"地成了一个被动学习者或"学校人"。

学校有那么重要吗

对"学校人"而言，与学校有关的一切就是他的全部，因此他们对成绩和老师的评价非常敏感。他们认为成绩好是好事，成绩差是坏事；惹老师生气是坏事，被老师表扬就是好事——仅此而已。

——这种想法反而很简单。因为成绩和老师的评价总是非常明确。我觉得自己过去就是那种优秀的"学校人"。

好吧，好吧。像你这种天生乐观的人，简直完胜。我上学时，被人欺负了知道逃跑或反抗，所以没有吃很大苦头。可是还有很多比较弱小老实的孩子，还有一些家长比较文弱，如果出了问题，这些孩子在学校就无处容身，只能离开学校。

我们的社会只会从学校的角度来看待孩子。不上学的孩子会被当作坏孩子，被斥责为什么不去学校。这样的责备其实是一种犯罪。

——不去学校的人是坏学生，这种观点有历史根源吗？

没有。

——那为什么现在的人都这样认为呢？

因为大家都莫名其妙地怀抱着一腔想要遵守学校制度的热情。我倒是想问问，为什么这样执着于学校呢？

——这大概是因为成年人那套把教育当作产业的理论吧。

就像想问问那些沉迷于对冲基金的人为什么那么想赚钱一样，我也想问问这些人：为什么学校那么重要？为什么不上学的人就是没有前途的人？为什么要威胁孩子说不上学就不行？

就算问了这种"愚蠢"问题，也不会得到回答。所以稍微有点棱角、稍微有点思想、稍微有点自信、稍微有点空闲精力或稍微疲于社交的孩子，就会不想上学，想与学校制度保持一定距离。我觉得这是正确的选择。

——不知道从什么时候起，人就只有一条路可走了，似乎一步走错，就再也无法走上正轨，这太可怕了。

不上学的人当中有多少没出息的，目前没有数据可以

就算不上学也不会变成坏人哦！

证明；但是有多少人上了学依然没出息，却有数据可循。至今为止，从学校毕业后依旧毫无所长、没有目标、彷徨不前的人不在少数。

完成了初级教育，或高中毕业甚至大学毕业的人当中，也有偷窥狂，有人酒驾、犯罪……由此可见，是否上学和有没有出息之间没有因果关系，甚至完全没有关系。

学校人

学校为什么受到重视，为什么仍然存在？那是因为体制规定不上学就无法取得资格证书。这是最后的堡垒。我们以取得资格证书为目的去上学，如果不上学就不能参加下一阶段的考试，就没有未来，无法找到好工作，无法加入自卫队①。

——不是说不上学就是坏人，而是说不上学的人生会更辛苦。

这是因为不上学不被认可。社会更认可从学校毕业的人，认为他们具有与学校相符的实力。然而，果真如此吗？看看周围就知道了……相反，我见过有很多人并没有在学校教育中获得通识，而是靠自己主动学习掌握了许多技能。

学校人走向社会后也仍是学校人，总是需要一个老师

———————————
① 日本的军事、国防组织。

那样的角色存在。一家好的公司或好的老板，其角色就相当于老师，也就是指导者。

——他们总是处于学生的位置。

是啊，他们已经习惯了这样的生存方式。

——在公司里也为了受到表扬、不被训斥而努力。

公司也有一套评价体系，例如奖金制度，怎么看都不像是成年人做出的事。

——现代的企业与学校的生态惊人的相似，比如都有早会、体操、体检，等等。

据说还有三方面谈。

——没错，还有上司的面试，每年还得写年度总结和计划。

想要请假休息几乎不可能，除非父母去世。

说起来，企业是一种盈利团体，所以会随着时代也就是经济动向而变化，因此公司职员也要相应地被迫做出调整。不过公司的职员和学生一样懵懂，所以就只能按照上司的要求行事，例如整理发票、跑外勤、对不明所以的事道歉，等等。

常常有人带着策划书来找我合作。越是企业里不擅长

学校第一,
老师第二,
我三点要吃的点心就是文部科学省①!!

---

① 日本政府分管国内教育、科学技术、学术、文化及体育等事务的部门。

策划的人越喜欢这样，因为被分配了策划任务，所以要努力。我了解他们的境遇，所以对他们非常宽容。他们很可怜，得花功夫修改毫无水准的策划书，还得装作从容淡定的样子。我不由得很担心，让这种不擅长策划的人处理这类工作，这样的公司真的没问题吗？显然不是这样，有的公司甚至会破产。

公司破产是件非常棘手的事，尤其是对公司职员来说。学校不会破产，但是企业会。这样一来，习惯于当学生的职员就会陷入困境，因为在学校里并没有学过这时候该如何应对。他们只有去公共职业安定所①才能稍微安心一些，就像学生去培训机构一样。

一言以蔽之，学校人总是让自己徘徊在类似学校的氛围中。

---

① 日本免费介绍职业、指导就业、办理失业保险等事务的公共机构。

无处不在的紧张感

有人生来就是"差不多先生"，适当地运用一点小聪明就能把事情做得差不多。

说起来，我也差不多是这样，差不多就可以。学生时代差不多着度过了，麻烦的事也都差不多地处理掉了，有一种在丛林里边走边除草砍枝的感觉。这类人无论是当公司职员还是自由职业者，都能差不多胜任。

——我觉得这类人的感觉很迟钝，都察觉不到身边的树枝和草叶。

而那些生来就有些敏感、做事认真的人，或者做事慢悠悠、有些笨拙的人，就会痛苦一些。因为他们做不到"差不多"，常常会陷入困境。在这个盲目竞争的社会里，如果停滞不前就会被排挤。学校和社会不会关注这些人，就算注意到也无计可施。

——难道越是认真对待生活的人就越会在社会中痛苦挣扎？

"差不多"的那些人有很多虽然早就从学校毕业，可仍旧保持着在学校里培养出来的人格，甚至终其一生都无法改变，现在的社会风气就是由他们造成的。

比如美术馆。我们国家的美术馆里都很安静，似乎所有人都在屏着呼吸，努力地理解、把握、欣赏美术作品。美术馆也秉持着同样的态度，提供声音导览服务。顺便一提，销售导览也会小赚一笔。导览相当于教科书，人们浏览学习，似乎可以从中得到满足。我的作品展上常有孩子跑来跑去而被家长训斥——因为在教室里不能跑。在这些家长看来，美术馆说到底也类似于学习美术的教室。

——我和您一起去过美术馆。您走得可真快呀！噌噌噌就走到前面去了。

虽然我看得快，却不会遗漏什么。无论脚步多么快，该遇到的画作总会遇到，那时我就会停下脚步。我不会看漏，我正是为了寻找应该遇到的那幅画才选择了快走的观赏方式。因为是主动去学习嘛。

——大体上，我会按照顺序一幅幅看过去，了解一下

我认为被训斥才是人生。
对不起，非常抱歉。

每幅画叫什么，创作于哪年，用什么画材，创作者是何人，站在前面欣赏片刻，再接着看下一幅。这样其实很花时间。全部看完后，结果还是只对某幅画有印象。这时才会发现，原来自己喜欢那幅画啊。

嗯，真的吗？感觉你也是漫无目的地随心而行啊，虽然不是快走，但也是这里逛逛那里转转，有时还会和我擦肩而过。那是你的学习方法，看你的表情我就知道，你挺乐在其中的。

——算是乐在其中吧。

乐在其中的状态就是在主动学习。但是大多数所谓的文化设施都是被动学习的模式，比方说图书馆。要想愉快地读书，图书馆并不是一个好去处。去图书馆一定是去查资料。如今图书馆里几乎都是为了参加考试的人。

图书馆里的紧张感、音乐会上的紧张感、美术馆里的紧张感……这些都是因为社会的主流文化是学习，所以做所有事都需要认真严肃。

人们会认真地阅读音乐会的宣传册：今天是贝多芬的小提琴奏鸣曲，第一曲是《春》的第一至第四乐章……中途随便鼓掌的话，感觉会被嘲笑，算了，还是先学习吧，所以安静就成了第一原则。

而摇滚乐和流行乐老少皆宜，有时还会过分吵闹，就像在放学后举办的音乐会，听它们不需要学习相关知识。爵士乐则有些说不清楚，既像传统又像流行。我自己不论音乐的种类，喜欢一边吃喝一边聆听。这么一来，感觉像是在欣赏晚餐表演，不够高雅，真让人头疼。

这种泾渭分明的紧张感和松懈感在学校也经常能体会到，课上安静安分，课下喧闹嘈杂。

——劳逸结合，这样不好吗？

与其说是劳逸结合，倒不如说是一种强制的解放，不是吗？包括讲座，越来越像学习会，人人带着笔记本，认真做笔记。在做准备工作时，讲座的主办方一定会问："您需要使用白板吗？"从一开始就是学校里的那套作风。

——这样做会有获得知识的愉悦感吧。

这更接近于一种打卡行为：依次清理任务，打钩并记录在册。这与朝圣的快乐很类似。

——有上进心不好吗？

不，我不排斥上进心，只是觉得这种行为不太现实，是属于学校教育者的幻想。怀有进取心，竭力奔向高处，为此而努力学习、鉴赏艺术……这种想法本身就是一种强迫性的观念。

——所以一旦松懈就会被训斥。

就算不松懈，但一直坚持做的是诸如挖坑之类的事，也会被训斥说："做这种事到底有什么价值呢？"真让人痛苦。

——挖坑？

嗯，我小时候很喜欢挖坑，挖得特别好！

——为什么呢？

就是为了挖坑。

——确实，没有目的地挖坑会让人觉得没用，或者无意义。

所以无奈之下才称之为"艺术"嘛！实际上就是艺术哦。我国的艺术在人们不自觉的上进心中，顺着提高精神境界的方向走到了一个奇怪的处境。比如，人们在参观时总要屏息凝神。

——也就是说艺术成了高尚的、非日常的。

说得没错，让人想到了"晴"和"亵"①。我问问你，"晴"

①　由日本民俗学家柳田国男提出的日本传统时间论中的两个概念，"亵"指日常生活，"晴"指节日、庆典、婚葬等仪式举行的日子，即非日常。

请尽情享受艺术。
此外，在出口有一份简单的问卷，
请您协助。

是指哪种情况？

　　——"晴"是非日常吧。这么说给人的感觉像是不能享受日常生活一样……

　　嗯，说享受日常生活反倒奇怪，让人忐忑不安。可是周末下午三点左右开始的棒球赛热闹非凡、令人开心，这么说来，或许咱们的棒球也是一种艺术呢！

　　——棒球场的管理员大爷听了会感动哦。

　　他才是真正懂艺术的人。

越长大越僵化

我觉得自己从小到大一直都在自学。这样说或许不太准确，但我就是一直在按照自己的方式学习，是个主动学习者。我也一直抱着这个观念在与小孩和大人来往——人原本就是主动学习者，这应该是大家的共识。

　　——因此您才去学校参观的吗？

　　受某报社主办的作家访问活动邀请，我去过一些中小学校。也有电视节目请我返回母校，与老师和朋友一起聊聊当年在学校的事……接下来，我要讲讲我去学校参观的各种体验。

　　小学低年级还是非常有趣的。"最近过得怎么样？""现在流行什么游戏？""今天吃了什么？"……和孩子们天南地北地聊这样的话题非常有趣。更有趣的是，我在与他们对话时也会得到许多启发。其中，小学三、四年级的学生最活跃。

等上了六年级，孩子就安静了下来。不管问什么他们都表现得有些紧张，虽然能很好地总结话题，发言却明显变少，具有了成熟的气质。尤其是女生，甚至还有些冷漠。活跃的气氛减弱，变得无趣起来。

到了中学就更安静了，每个人都静静地听讲、记笔记。

高中生简直就是一副无精打采的样子，完全没反应，声音也小得可怜，脑子已经僵死了。

大学生虽然脑子没那么僵硬，但还是不够活跃。

我发现人越长大越沉默。可是，不应该这样吧？

——随着知识和经验的逐渐积累，可聊的话题本应该越来越多，越来越有趣，可现实情况却相反。您是这个意思吗？

人本应该随着年龄不断"升级"，可为什么实际上不断"降级"了呢？

——是什么降级了？

简单来说，我觉得降级的是人的活力，或者说是从互相讨论和交流中获得的充实感。热情逐渐冷却，自己的意见不再轻易说出口。为什么会出现这种不可思议的变化呢？

八九岁的孩子一般都很活泼，他们灵气逼人，喧闹也是有内容的。

我曾经在某个三年级的班级里问："大家有烦恼或担心时会找老师倾诉吗？"有四五个学生马上摇了摇头，说"不会"。坐在前排的小个子男生有点显眼，接连说了两声"不可能"，还说"怎么可能去找老师倾诉"。还有人回答："我没有什么烦心事啊！"

接下来我又问："那要是以后你们遇到了麻烦，想找人倾诉的时候，会找谁呢？老师吗？""才不会找老师呢！"有人回答，"我会找妈妈。"有的女生回答："我找姐姐。"一个男生接着说："有姐姐真好啊！不过姐姐会因为嫌麻烦而讨厌你哟！"孩子们滔滔不绝地说着，回答形形色色。还有学生酷劲十足地说："我自己考虑。"这也没问题，并不是任何时候都要找别人，出现问题时自己思考并解决是主动学习者的普遍态度。

"有烦恼的时候来找老师哦！"会说这句话的老师完全不在学生们的考虑范围之内。

不要把孩子们的烦恼想得过于简单哦，他们可比我们想象中还要独立。

没有问题，
没有烦恼，
不觉得有点无聊吗？

——确实如此，我也不记得在学校里找老师倾诉过什么事。

还有一个例子能够说明孩子们其实懂得很多。

在另一所学校的三年级班里，教室后方的墙上张贴着大家练习的毛笔字作品，我不知道为什么要让孩子写毛笔字，只是感慨如今的孩子还在做同样的事，径自追忆往昔说道："哎呀，大家还在学习这些啊，觉得有意思吗？"结果大家轰的一下，你一句我一句，五花八门地回答起来："把手都弄脏了""烦死了""写毛笔字有意思""我不太喜欢墨"……接着，我随口说了一句："现在人们已经不用毛笔写字了，为什么还要特地练习呢？"这时，一个戴着眼镜、看上去像是学习委员的男生举手回答道："是为了让我们熟悉古典吧。"

我真佩服他！他居然能理解到这个程度，还总结得如此精辟！大家听了，也纷纷表示赞同，鼓起掌来。我非常享受那段短暂的时光，孩子们的话语引出了更多话题，仿佛在和朋友分享秘密。

然而，后来去参观中学时，我的感觉却变了。中学生都有些僵硬和紧张，他们把笔记本摊开放在桌子上等待着，完全是一副"闪闪发亮"的好学生姿态。

——提问也变少了吧？

问题更像是经过精心考虑后提出来的。在一个班里，我讲完后，老师问有没有人想向五味先生提问，之前就让我很有印象的一名男生举起手，认真地问道："您为什么要当绘本作家呢？"我大概明白这是怎么回事，于是说："不好意思，这问题真的是你想问的吗？"他听了之后，很快如实回答道："不是。"他是一个诚实的好孩子，所以还有救。一定是在我去之前老师就嘱咐过："五味太郎老师要来，大家提前了解一下绘本知识，想想要问什么问题。你和你，你们俩代表大家提问！"所以当老师问有没有人提问时，那两名同学就唰的一下事务性地举起手来。

实际上，很多来采访我的出版社工作人员也是如此。有一次，我直截了当地问道："你真的想问这个问题吗？"对面的男子诚实地回答道："不是，这是主编让我问的，所以我就问一下。"现在已经很少有人会这样如实作答了。一般都是被领导派来做采访，于是就按部就班地来了；没有特别想问的，所以只问一些无关痛痒的问题，譬如"为什么会成为绘本作家？""处女作是哪一本？"诸如此类很容易就能搜到答案的问题。

——我记得以前在您的一个展览上有个提问环节，一个学龄前男孩举起手来，问您有没有女朋友。那个问题真是让人出乎意料。成年人在公众场合可问不出那样的问题来呀。

过了六十岁还被人问有没有女朋友，其实我很高兴。不过那男孩的爸爸倒是看上去很着急。总之，学校教育的本质就是要孩子学会与社会和谐相处，自己的意见和私事要藏在桌子下面，这样一来，就形成了优先考虑并回应别人的期待的人格。有趣的是，每当活动结束后准备拍大合照时，人们就会轰的一下向我涌来，"五味先生！""我从小读您的作品，请给我签名！""我替妈妈向您问好！"……就连高中生都是这样。太可悲了，为什么在课堂上不发言呢？因为在课堂上不允许窃窃私语。在教室里就要用上课的语言和上课的态度，这个特殊的空间经历若干阶段后就会越来越僵化，而大学就处在这一模式的顶端。

——就连大学那种非义务教育、主张自主学习的地方都是这样……

因为老师和学生的关系完全没有变化。老师是教授一方，学生是学习一方。学校里的学习模式别无其他。

　　教室里的桌椅和行政办公室里的一样，说是教室，其实是办公室吧，就连荧光灯都一样。

　　——甚至连丰富业余生活的文化中心也是这副样子。可以想象这样一幅画面：在周日白天，幽暗大楼的某个房间里，大家安静地坐在椅子上，聚精会神地听着关于插画的讲座。

了不起的孩子

还有另外一个相反的例子。

我去另一所学校的时候，在班主任的陪同下，去了一间与其说是教室不如说是课后俱乐部的"工作室"。那所学校的确不同寻常。

那间教室虽然看上去很简朴，却有非常多的工具，像工作坊一样。老师给人的印象也很不错。

我先到教室随意走了走，里面大概有二十人。大家三三五五地凑在一起，随意地打着招呼："您好！""啊，是五味太郎！"还有学生问跟随采访的工作人员："这是五味太郎吗？"我稍微有些严肃，可大家还是轻轻松松的。我突发奇想打算和大家一起做点什么，于是说："今天我们就做点没用的东西吧！"我的提议有些难以理解，毕竟这是对从不做无用功的当代人的讽刺。我本以为需要解释没用的东西是什么，结果坐在最前排的三个看上去像是坏孩子的男生比着胜利的手势，说道："就交给我们吧！"他们马上就明白了。其中一个男生开始动手用裁纸刀切割材料，三名女生在一边尖叫着起哄。

我很吃惊，我的想法就这样轻易地传达给他们了吗？

而那位老师——与其说是老师，不如说是指导员——完全抛弃了自己的身份，一一回应着大家的需求，大概她平时就负责整理和收纳。那里的画材种类齐全，笔刷有多种类型，还有大尺寸的订书针，看上去朴实无华的教室里，工具却应有尽有。不知谁说了一声"糨糊"，那位指导员立刻答道："就在那儿的抽屉里。""要喷绘的话在下面垫张纸，拿到走廊里去喷！""这个不能用了吗？那我收起来了。"她边说边行动，有条不紊地工作着。大家纷纷提出问题："老师，有那个吗？""老师，这个怎么弄？"我感觉她像极了某个人，尤其是她和学生之间的氛围。想了半天，原来是像东急手创馆①里专门应对顾客咨询的店员。

——啊，我也经常向东急手创馆的店员咨询。

那位指导员给人一种成熟稳重之感。而且正因为如此，

① 日本一家专门售卖家用手工制作用品的连锁居家百货公司。

她营造出了一个非常棒的空间。指导员的工作一定是她非常热爱的。

那间教室里毫无紧张感，只洋溢着轻松的氛围，令人感到舒适，不知不觉中两个小时就过去了。

我做了一把"测量傻瓜的尺子"，然后给一名随行编导测了测，结果显示他是一个"6.3级傻瓜"。

在这样的氛围里，终于到了最后的展示时间。

之前提到的那三名男生用纸箱做了一个机器人，我心想：这群小屁孩也没做什么了不得的东西嘛。于是问他们："这是毫无用处的机器人？"他们听了之后，一脸认为我不懂行的表情说道："我们可是五年级哦！身为五年级学生却做出来这样一个无聊的东西哦！"

我败给了他们。真的，我输了！

这种无意义带来的洒脱感，还有"无聊"的概念，以及作为五年级学生的身份，他们全都理解。在此基础上三个人一起做了那个幼稚的东西，的确很傻，毫无用处。他们已经不再是无知的幼儿了。

那三名女生则用巨大的纸箱刻下一个内裤，上面画着许多花纹，说是"谁都穿不上的内裤"！

还有的女生，作品上沾满了让人不想触碰的黏糊糊的颜料，这就是现代艺术中的达达主义。他们完全具有"要做出一些让大家讨厌的东西来"的意识，以轻松的感觉表达出了艺术的本质。

更令我惊叹的是另一名女生，她一直很安静。最后，我问她："你做的是什么？"她轻描淡写地回答："我画了画。"这么一说，之前她的确一直在地板上捣鼓什么。"谁也没发现我在这里画了画。"原来是谁都没有注意到的画啊！我在上面走来走去，完全没有注意到。那是一幅存在于他人意识之外的优秀作品，就连走在上面的我也变成了画中的一部分，这样的创意完胜！

大家没有特别费力，没有思前想后，而是将瞬间的想法变成自我表现的作品，他们都是具有相当高度的人才！

而大多数像美术学校之类的教育机构都是鸡肋。实际上，我去过很多美术学校的工作室，学员们都是一副无精打采的样子，只让我感觉到孩子曾经的可爱都不存在了。

而这间教室的年轻的孩子们竟然表现得这样好。

他们都是艺术家！这是我那天下午在那里的领悟。

之后大家洗了手，对我说了"再见"。

人生就是艺术！！
虽然我也不知道这样说合不合适……

真了不起。

——我想我明白你所说的了不起。

我之前收到过一封信，好像是一个小学一年级的女孩写给我的，用漂亮的铅笔字整齐地写在信纸上。信的前半部分没有什么重要的内容，主要是"我喜欢你的书""我从图书馆借了你的书""我去了展览"之类，就像我经常收到的信件那样。然而，看到最后两行，我怔了一下。

"请加油画五味太郎的画！再见。"

一开始我不大明白，读者来信一般都是说"五位太郎，请你加油"，那么"请加油画五味太郎的画"是什么意思呢？

后来，我把这封信给一位偶尔来帮忙的女士看，并问她是什么意思。她用大阪方言说："这孩子很懂嘛！"我请她详细解释，她说："在她的心中存在着名叫'五味太郎'的作品。这不是明摆着的吗？"

原来如此。我一直以来都在画画、创作绘本，因此在那女孩的心目中，我本人也成了绘本。这让我重新认识了自己。那位女士还说，我事到如今才重新认识自己，太晚了。

那天晚上，我努力去画"五位太郎的画"，却不顺利。五味太郎不是在画"五味太郎的画"，仅仅只是在画画而已，在这个过程中，自然而然地产生了"五味太郎的画"。那女孩教给了我这样一个简单的道理（虽然我不喜欢这个说法）。女孩的来信与其说是了不起，不如说是具有深度。

有时，一些来自孩子的读者来信会让我眼前一亮。

有一次，一个女孩在一封信上写着："我家院子里的花开了，你来看！"对素未谋面的我说这种话，似乎在她的心里已与我有过一面之缘，所以才想着要给画绘本的大叔看花。她把这样的心情如实写在了信里，并留了自己的电话号码。我看区号离我在的地方很近，就以一种玩笑的心情拨通了电话，正好是那个女孩接的，她没有感到惊讶，只说了一句："哦，是五味太郎先生啊。"交谈之后，我发现她就住在附近，就找了过去。

她很平常地站在门口等着我。老实说，院子里的花不是什么名贵的花，与三色堇很像，开得很绚烂。反倒是她的母亲显得惊慌失措，先回到家中略施粉黛，才再次走了出来。

近来，我还收到了这样一封信："五味太郎先生的绘本好厉害！我想当您的弟。"写这封信的人似乎是一名来自幼儿园的男孩。他的母亲在信的后面写道："孩子写的'弟'

似乎是想说'徒弟'。请您多多指教！"我想，他想说的与其说是想成为我的徒弟，不如说是想和我一起玩耍吧。

他这种马上诉诸笔端的执行力，还有表达自己想法的能力，都是非常优秀的。

画画应该是自由的

——您自己的工作坊里的孩子们是什么样的状态呢?

其实,我到处开设工作坊是想重新发现孩子们的实力,让那些对此一无所知的大人们亲眼看到孩子们的能力。

孩子们会画画,三下五除二就能画好,因为喜欢所以会画——我想更多地呈现这样简单的事和其中满溢的乐趣。

我的工作坊除此之外没有其他目的。

我很幸运,有机会在不同的国家做这件事。不过有趣的是,不管在哪里情况都是类似的,无论是美国还是法国,或是印度尼西亚和墨西哥,甚至连斯里兰卡也没有区别。

主办方几乎都认为活动是以我为中心的,称之为"五味先生的画画教室",法国人称作"五味先生的幼儿绘画技法课"。因此,在活动开始之前我首先要说服这些大人。起初,因为无法完全得到理解,我要为此花很多功夫。说着说着,我只好建议："就先让我试试看吧，你们的意见之后我再考虑。"

媒体工作人员、美术教育的从业者、杂志社的工作人员都想来采访我，我对此很感谢，但全都拒绝了。活动前的采访几乎都只停留在"您的绘画技巧是什么？""您想告诉孩子们什么呢？""您想教会孩子们什么？"的阶段。说到这里，我又想起了最初和我的绘本编辑之间的对话。不管是当时还是现在，大人和孩子之间的关系没有任何改善。大人们教导和指引，孩子们则遵从教导和指引。我对这种关系没有兴趣，我的想法与此不同，所以我对大家说："采访之类的还是等活动结束之后再说吧！"

如果工作坊在国内，可以请相熟的工作人员来帮忙。在国外的话，大多数时候就是请当地美术大学的学生来帮忙。我一定会事先告诉他们："你们只负责准备颜料纸笔就好。记得把颜料都溶解开。"

我会先示范一下，然后请他们把颜料稀释成适合作画的程度，放在纸杯里，再将纸杯在桌子上排成一列，画笔也按照人数准备好。

"纸、布和纸箱都按照我说的做，或展开，或卷起来。

动作麻利一些。都准备好之后，就请回到办公室。"

之后，我的工作坊在任何地方都可以轻松开场了。

首先是主办方致辞，向大家介绍从日本远道而来的五味太郎。然后，我本该向邀请我去的主办方和相关人员表示衷心的感谢，但一看到台下的孩子们我就不想致辞了，因为每个孩子都跃跃欲试，仿佛在说："赶快让我们画！"无论在哪个国家的哪个地方，都是如此。

为了提高大家的参与度，我们早早稀释好了那么多颜料，准备了那么多画笔，在地板上和墙上展开一张张大纸，孩子们的作画意愿早就被挑了起来！

我理解他们的心情，于是只说一句"大家好"就会让大家开始。翻译一说出"那我们就开始吧"，孩子们都会"哇"的一声马上兴奋地动起手来。这就是开场的全部了，只用一分钟，大家就进入了画画的高潮。

在最近的一次工作坊活动中，我使用了三米宽十米长的各种颜色的纸，三五十个孩子不到十分钟就画得看不到底色了。更换纸张后过了十五分钟，又要重新更换……一个半小时过去，大家都筋疲力尽。孩子们也是，我也是。

——您干什么了？

我来回转悠啊，那种场合下只是看着他们画画就有趣极了。我只要发出"开始"的指令，之后甚至可以到外面去抽支烟。

这样一来，孩子们的爸爸妈妈就会上前与我搭话，说些"您好！""真好玩啊！"之类的话。我算好时间返回内场，更换纸张后再次号召大家："来！接着画！"接下来又是我的休息时间。

到了活动后半场的休息时间，媒体记者们的态度就会稍微发生改变。当然，各种说法都会有，但是大体上涌来的还是诸如"真是了不起""哇，真的好有趣"之类的声音。这种时候，我也只用一句话来回应："是啊！"之后，记者们会用自己的方式，将现场热烈的气氛和亲身参与体会到的快乐感受写在报道里。这就足够了，那数小时的兴奋大概就是工作坊的生命力吧！

当然，每个国家的反应会有所不同。在斯里兰卡科伦坡的一所小学举办活动的时候，考虑到那个国家有良好的审美，加上我去的又是一所优秀的学校，所以我先花了一点时间去了解。由于开场的气氛有些安静，我还有点担心，不过十分钟后，孩子们就像其他国家的孩子一样兴奋了起

关于美术教育在幼儿成长过程中应起到的作用，
您能说一下您工作坊的优势吗？

呃，呃，呃，并没有……

来。熟悉的绘画工作坊又顺利运作了！

过了一会儿，我照例走出教室在校园里散步，一位美术老师来与我聊天。她高兴地对我说："之前我错了。"我问她："您是指什么？"她回答："我从来不知道孩子们竟然能像这样画个不停。""您能再详细说说吗？""我在教孩子们画画的时候，会先让他们用铅笔绘出草稿，充分修改，得到一幅满意的底稿之后再涂色。一直以来我都是这样教他们的。""那种教法确实也有，有什么不好吗？""嗯，那样是不行的。孩子们应该画得更自由些，我居然不知道他们有那么高的画画热情。"我凝视着她的脸，她的眼里微微泛着泪光。

我有些不知所措，于是说道："我觉得每个国家都有自己的做法，这样没什么不好。""不好，"她强调道，"画画应该是自由的。"

与她分别之后，我照例在一棵树下抽了一支烟。那时候我就在想，或许我的工作坊还有一点价值，可能比我想象中还要有意义。想到这里，我不禁感到了压力。

在日本，情况也是一样的。大人们似乎喜欢自顾自地做出判断："我家孩子原来喜欢画画啊。""我家孩子涂出了这么多的颜色啊。""我家孩子的色彩感真不错！"为什么之前没有发现这些理所应当的事呢？我不禁会这样想。或许通过这样的方式，父母和孩子之间的距离会稍微缩小一些。所以我现在开设工作坊，也有让父母了解孩子能力的目的。

说句题外话，你知道宪法第二十六条吗？

——什么？是关于国民义务的吗？我记不清了，待我确认一下。

日本宪法第二十六条：

1. 全体国民都享有依其能力接受同等教育的权利。

2. 全体国民都有使其抚养的子女接受普通教育的义务。义务教育免费。

很不错吧？虽然这条宪法的表达方式有一点啰嗦，但它的内容却非常了不起。

"享有依其能力接受同等教育的权利"，这意味着不接受教育就是放弃自己的权利，并非不履行义务。而且接受教育还是免费的哦。

然而，这条宪法却不受欢迎，大家似乎都不太喜欢它。尤其是"接受教育的权利"这一点，人们似乎更希望是"接受教育的义务"。这是为什么呢？为什么大家更喜欢义务？大家喜欢被义务约束吗？又为了反抗约束而想要自由？真是搞不明白啊！

我要一直做五味太郎

人从生到死都是同一个个体，我是这样认为的。这样的想法在如今这个混乱不堪的时代里很罕见。这么理所当然的事，现代人却越来越不懂，甚至装作不知道。

　　如今我七十一岁，已逾古稀之年，却一向认为我从来没当过孩子，而是从小就在做五味太郎，有可能是因为我从三十多岁起就在从事现在的工作。我是真心觉得从很久很久之前我就一直在做五味太郎。

　　——您从小就有这样的觉悟？

　　是的。邻居家的阿姨叫我"太郎"，有朋友叫我"五味"，还有家伙揶揄道："是垃圾吧！"①五味太郎上小学一年级了，五味太郎上中学了，五味太郎被批评再这样下去就上不了高中了，五味太郎考艺大落榜了；五味太郎误打误撞地考进

---

① "五味"和"垃圾"在日语中的发音一样。

了桑泽设计研究所……在这样的过程中才有了现在这个五味太郎。以上就是我的经历，虽然都是些理所应当的事。

我一直都在做五味太郎，五味太郎从小时候起就喜欢一个人做些调皮的事。虽然我脑袋不够聪明，却做出了一些帅气的玩意儿。我还常常在晚上写作业，不想睡觉——似乎我更喜欢在晚上清醒着工作。如果工作进展顺利的话，我自然就想跟大家分享我的成果，我就是这样的个性。后来，我偶然与绘本相遇，从事了现在的工作。

人与人从小就不同。有人喜欢拆解东西，有人喜欢分析和批评，还有人擅长写观察日记，这就是每个孩子的个性。他们其实是在不断地与自己对话。

观察身边的孩子就会发现，直到小学三、四年级，孩子们还保留着活跃的自我意识，经常会说"我呢……""我是这么想的……"之类的话。每个人都是有名有姓的个体，每个人都在做自己，某某小学、某某年级终究不过是个头衔罢了。

然而，头衔会慢慢地变成人格，变成那个人本身，这真是不可思议。

——例如，某某公司的五味太郎，某某自治会的会长

五味太郎，您是指这个吗？

我六十岁的时候，参加了一次初中同学聚会，倍感悲哀。十二三岁时一起干坏事、一起参加社团、一起学习的伙伴已经变成了完全陌生的人。

——十二岁的时候？

是的。那些曾经一起小便、一起露营、一起谈天说地的人现在都不见了。如今的他们是其他人，和我没有一点内在联系。他们的身份只是迎来花甲之年的老年人。太可怕了。

——你们聊不到一起去了吗？

是氛围变了，中学时代的那种感觉不复存在了。虽说是在参加同窗会，可大家早已不在同一扇窗下，同窗不是本该通过同一扇窗看到同样的风景吗？

不过，倒是有很多人记得我当年一些不算坏的壮举："喂！五味！你以前从那里跳下来过""你那时候在草地上点火，大家慌乱极了，不过现在想想还挺有趣的"，还有人对我说："我家儿媳妇是你的粉丝呢！""我孙子很喜欢你的书……"他们让我重新认识了自己——原来我一直都在做五味太郎啊！

我是将来会成为一个还算凑合的绘本作家的五味太郎，
眼下掉进了蓄粪池。
总会有办法的。

之后我在会场里转来转去，发现几个上学时和我一样光想着玩的家伙现在仍是那样的状态，尽管他们已经是成熟的大人。他们还是像以前那样，只是多了白发，长了皱纹，或者得了糖尿病。我松了一口气，感觉我们的情感还是相通的。

但是热闹的似乎只有我们这一桌，其他桌的人都非常安静，带着一种完成某事的安心感，一动不动。那氛围就像大家一起在庆祝——我们好不容易活到了今天。只有我和我周围的人之间没有这样的氛围。反正还要活很多年，还要做许多事，没必要那么冷静嘛！我不是说孰好孰坏，只是觉得那是一个不可思议的夜晚。

——那些人迎来了自己的花甲之年，正扮演着宠爱孙辈的爷爷奶奶的角色。

当然，只要活着就一定有事可做。但我想讨论的是人格上的活跃。小时候一起站在某个地方比谁尿得远，这种事情很多人一点都想不起来了，太让人失望了。有句话说，小时候的行为都是毫无意义的。原来真是如此。

人从生到死都只有一具肉身，我也只想保有一种明确的人格。大家很辛苦的原因正在于无法做到这一点。

而我一直都在做五味太郎，所以有一种特别的稳定感。

——是您的觉悟吗？

嗯，是一种就算自己老了也能想办法好好度过的安心感。所以我不太可能去向国家和社会表达自己的忧虑。这大概就是我的性格吧，或多或少有一种一切靠自己的倾向。

像我这样的人变少了，大多数人都将自己托付给国家、地方自治体或某种政治团体，在国家的庇护下度过一生。

——您是指大家要首先考虑自己的立场吗？

我是指大家要明白自己在整体中的位置。上学时自我意识逐渐被偏差值[1]所左右。进入社会，越是有身为一个社会人的自觉，就越会丧失自己，这是无法避免的事。某些场合下被称为消费者，某些场合下被称为二氧化碳排放者，有时被称为初老期老年人，有时又被称为纳税人……一生中都只能在自己的社会属性和身份头衔下活着。在这样的环境下，能够产生对自己的统一认知是非常难的。

——只要年纪一大，不管实际的身体状态究竟如何，都会被贴上"四十多岁的人""高龄产妇""老年人"等标签。

---

① 日本学校对学生学习水平的评价标准。

沉重的学校

我崇尚活泼简单的人生，因此对如今让孩子丧失活力和纯真的制度非常不满。大家一路走来，也为这个制度付出了诸多辛苦。不过，我的这种想法也许很多余。

——为了保持活力，就得对抗各种各样的规则，于是渐渐疲惫。为了保持活力，却丧失了活力。

就像只有充满期待的人才会失望。

出国时，机场海关的狭窄通道如同拥挤的牛棚，每次身处其中排队等候时，我都会产生一种屈辱感，觉得胸闷不适。去办理驾驶执照更新时也一样，工作人员突然告知有违章记录的人要排队，人们不得不照做。大多数人在这样的情况下并不会觉得不适，也不会生气。

听说某位作家在学校里被勒令排队时感到有些惊慌，后来他在作品中提到，是因为当时并没有做好心理准备。

如果在没有心理准备的情况下被注射药物，或者作品被发表，或者听到突然响起的伴奏，每个人都会有应激反应，但不赶快去适应就会有麻烦。

——这应该由自己来判断，只是在不知不觉中变成了半义务性质，一旦给周围的人添麻烦，就会被责备应该提前告知。

社会的人和个体的人被不分界限地随意对待。

——个体的人常常被贴上"任性"的标签。

在这种无视自我的体制下，学校制度虽然无趣，却必然存在。

无论天气如何，都要求所有孩子从周一到周五以同样的节奏学习、生活，我觉得这很不正常。孩子们正值身体和心灵发育的敏感时期，却被强制要求坐在名为教室的空间里，沉默地看着黑板，每天过着以考试为中心的生活。如果偶尔如此也就算了，实际却每天如此。让孩子们从小就这样，多多少少都会出问题吧。

——其实已经出现很多病症了。

还有更过分的事呢。待在让人喘不过气来的教室里，稍微好动些就会被冠以"多动症"的称号，不配合上课的

"任性"，
是"我的妈妈"[①]吗？
为什么不可以呢？

_____
① 日语中"任性"和"我的妈妈"发音相同。

人更是会被诊断为所谓的"学习障碍"，被强制注射或口服药物。社会对此却放任不管，这样可以吗？通过吃药和注射被逼着上课和学习究竟有什么意义？

——我不知道，竟然还会被强制注射药物吗？

我认识的一位儿科医生曾经告诉我，孩子的心脏机能还不够健全，需要通过运动来促进血液循环，所以才总是动来动去。然而，这个事实也无法改变异常的社会制度。

孩子们所处的环境应该依据年龄段划分，不同年龄段使用同一个标准很难顺利实施。让孩子在不同的阶段做自己喜欢的事情非常重要，我们的社会制度无法做到这一点。

实际上，很多孩子会逐渐认不清自己，只能在学习上获得优越感或挫败感，除此之外，没有其他的成长方式，仅有的选择余地只是私立学校还是公立学校，女校还是共校，咖喱还是盖饭这种程度而已。

以我自己的经验和处世之道来看，这是完全无法想象的。我们更应该讨论的是，有没有更好的方法。

少年时代的感受能力、可能性、野心本应该更充沛，然而现在的孩子却每天从早到晚沉重不堪，午饭缺乏营养，晚上净是作业，一到了周末就发呆，一到了暑假就高兴……

这样的状况要持续到何时呢？以学校制度为中心的社会已经到了岌岌可危的地步，孩子们太可怜了。

——您是说，学校是有害的？

我只是认为学校是无趣的、令人不满意的地方，并不是怨恨学校。因为学校组织举办的事都是二流的，郊游形式化，文艺汇演和运动会也只是随随便便，就连食堂的菜单都很奇怪。

在学校能做的事大都贫瘠无趣，让我失望，逐渐破坏了我的憧憬。我为了主动学习就会到学校之外的地方去闲逛，发现了许多有趣的事。不必勉强大家去上学，人生没必要花费在无趣之事上。

我真的觉得学校是多余的。起初在策划这本书的时候，我本打算用《我不想在学校学习》这个书名。

理想的学习体系

虽然我说了学校令人不满意，但我认为学习体系是必要的，我是指支持主动学习者的主动学习体系，而不是被动学习体系。实际上，轻松的学习体系确实存在，而且在世界各地，主动学习者都在利用这种体系不断学习成长。

　　——我等的就是这个！否则就会有读者提出这样的问题："您说学校没用，那应该怎么办呢？"

　　我之前谈论的义务教育，当然不能无视，因为它也是必要的，教会我们与国情相符的、健康生活所需的必备能力。这也是一种体系。

　　孩子们就像是来到我们这片土地上的异乡人，首先需要掌握我们这里使用的文字和语言体系，像片假名、平假名、汉字等这些最低限度的交流工具，尽量学会，才能轻松地生活。"尽量"这个词是关键。在某种程度上先学会，之后再在使用的过程中慢慢掌握——要具备这种随机应变的能力。

我说的文字、语言学习虽然与义务教育中的语文教育很像，但不包括作文、文艺文学和诗歌的解释，不要求用五十个字描述熊的心情，也不学《徒然草》和《我是猫》。

——要怎么界定义务教育和您说的学习体系呢？

你慢慢听我说就会明白。

接下来是数学教育，也可以归于文字、语言体系的广义范围内。无论如何，数字是很常用的，所以有必要从幼儿时代就告诉孩子们数字的知识。例如，我国普遍使用十进制，在某个数字后面加零就会变成原有的十倍；数学的基础是一到九这个数列；用加减乘除可以进行基本运算，符号分别是"＋""－""×""÷"；接着是九九乘法表，这比背诵《寿限无》①要简单得多，记下来再使用就便利多了，否则会混乱。就算麻烦也要背诵，大家都背下来的话，社会就会顺利地运转，那就请大家都背诵吧。啊，我国虽然使用的是十进制，但钟表和历法却是十二进制，星期是七进制。我不知道为什么，总之就是这样，也请大家记住吧。

---

① 落语的代表剧目之一，类似相声里的贯口。

——这样可以吗？

这样说可能太官僚了，不过日本实施义务教育的结果就是这样，没办法。"底乘以高除以二""浩浩八点十分走出家门，朋子八点十五分走出家门，浩浩以每小时四千米的速度步行，朋子以每小时十五千米的速度骑自行车。请问朋子追上浩浩需要多少时间""用图表表示出世界农业生产量的变化与人口增长的比例"……擅长利用学习体系的孩子能很好地答出这些问题，还会提出"如果不加上气候变化的因素，图表就没有意义"这样惊人的观点来。

义务教育说到底是针对日常生活的实用基础教育，类似于入学须知或者导览，没有个性，也谈不上专业性，只是提供各种资料，以便大家了解社会的组织架构。重要的是请大家遵从义务教育的态度。

我希望对传统的义务教育进行一些修正，虽然不想增设学科，却无论如何也想增加法律和历史的内容。但这部分是放在主动学习体系里好呢，还是放在义务教育里好呢，对此我有点迷茫。

——这样一来，感觉还要加上世界的组织架构，范围越来越大，好烦啊……而且光学习日本的还不够。这么一想，义务教育的负担可真重。

不是的，我说的法律和历史只是社会结构的要素。法律，就是现行法律的理念及其应用，也就是善恶是非在律法层面的体现，而不是根据某人的心情来给人定罪。历史，就是展示人类至今做了什么的客观资料。

——人类至今做了什么，一两句说不完吧。能说的有很多，还有不能说的部分。

当然。大人在给下一代讲述历史的时候必须认真考虑，不能歪曲事实。应该告诉孩子什么？人类做了什么？各国之间的制衡和教科书中存在的问题可以说吗……嗯，负担确实有些重。遗憾的是，在之前的义务教育中没有这些。

——回到原来的问题，您所说的具有里程碑意义的学习体系……

好的，好的。这种学习体系非常轻松，不需要有专门的人来负责管理，大人们随意就好。也没有"与时俱进培养孩子人格的综合教育课程"，这样的课程一直在失败，没有必要再继续了，认识到这种失败非常重要。

——具体来说呢？

如果一个人想让孩子了解自己的工作，与他们分享互动，就自己制定一套独特的方法，成为学习体系中的一员。他可以是学者、制造商、落语家、商人、手工艺人、音乐家、造船工、赛马人、互联网技术从业者、金融从业者、美食家、买卖特产的人、运动员、医护人员，甚至自称艺术家的人，全都可以，只需要准备相应的场所和独特的教材即可。有兴趣、想了解的人就会来参加体验、研究学习，不是吗？

——也就是说，您刚才说的那些人都可以成为老师？这会不会有点不负责任？

关于他们是否有资格参与学习体系，没必要那么敏感。不可靠的、无聊的、危险的地方，孩子自然不会去。就算去过一次，也不会再去第二次。在这个学习体系中，孩子作为用户具有自净作用。而这种作用在强制学习的学校制度中是不存在的，这是关键所在。

——原来如此。不受欢迎的人会被淘汰出局，自己消失。

总之，大人们应该用心去考虑什么样的地方对孩子们来说是有魅力的，这是学习体系的重点。要找到这个问题的答案，自己不去试错是不行的。比方说，美食家一定知道一些其他人不知道的做饭的乐趣，其前提是自己要在工作中发现大大小小的乐趣。也就是说，事必躬亲很重要。

——这样说来，只会纸上谈兵、讲一些理论的学者和批评家就很难参与其中了，因为他们没有实际经验。

还有，现场使用的道具和设备都应该是专业的，不能似是而非。

我年少时想参加体操比赛，尤其是单杠，于是艰难地说服父母，上了体操部很强的私立中学。在那里第一次摸到的单杠的触感，我到现在都忘不了。我之前在小学里使用的单杠，现在的小学里应该还有，虽然也可以玩得很开心，但那其实并不是真正意义上的单杠，而是支撑成单杠状的铁棒罢了。而那所私立学校体操部用的单杠，才是比赛用的专业单杠，我之前从没见过，第一次使用的时候有一种双手被吸住的感觉，试着摆动了一下身体，竟能立刻做出一套柔韧的动作。我当时不禁想：这才是单杠啊！高兴得忘乎所以。练习了一段时间后，手上起了皮，体操部的学长借给我一副可以戴在手掌上的薄皮革护具（专业术语是什么我忘记了）让我用，还教我用碳酸镁粉末涂在手掌上防滑。我在不知不觉中进入了竞技体操的世界。我至今仍记得那时的紧张和心动，单纯因为那是一个由比我厉害的人们所构成的精彩世界。

现在想来，能站在一流的世界入口的孩子很幸运，他们接触到的是真正厉害的专业的世界，可以获得成长，我觉得这一点很了不起。而二流的、似是而非的东西根本无法做到这些。

——儿童世界不行吗？

不能因为对象是孩子就降级。曾经有一位音乐家发怒道："为什么要给孩子如此廉价的塑料竖笛呢？怎么能用这种糟糕的乐器来演奏？如果真有心让孩子学音乐，我来提供萨克斯和单簧管！"这才是教育上的考量，能让孩子们一窥真正的音乐世界就好了。

孩子们接触到的世界必须是成人世界中一流的世界才行。我们不用特意去成为学习体系中的一员，或特意去营造学习体系的环境，也不用特意从孩子们的角度出发。

——孩子们可以自己选择喜欢的地方，就像在高级的文化中心一样。优柔寡断的孩子做不出一个选择，那干脆选择好几个？

当然！走走停停都可以。

——费用呢？

原则上，这种学习体系应该免费。宪法第二十六条不就是那样规定的吗？这是孩子们的权利。

——这项权利多大的孩子可以享有呢？

十二岁以下。

——您很干脆啊！

这是有根据的。我认为看到这里的读者应该能明白。

——免费是很好，但是运营怎么办？要靠志愿者吗？

不行，不能兼职，这样无法专心，也很容易缺乏责任感。

学习体系的参与者根据参与度向国家申请经费，国家审核之后支付。

——那经费来源呢？

运营和维持没用的学校制度时，花在建设校舍、体育馆、游泳池，还有老师工资的那部分经费就足够了。

此外，国家调查审核的重点应该是，确保参与者不是教育专业人员。

——教育专业人员不行吗？

必须要认识到的是，教育的专业化正是扼杀孩子学习兴趣的元凶。也就是说，教育专业化是行不通的。在这个主动学习体系中，只要参与的大人心有余、力也有余，就可以了。

我觉得想参与进来的人应该还挺多的。比如高楼玻璃清洗员、魔术师、三角点测量员、制作干果的老奶奶……啊，我也想参与啊。

也就是说，要想成为学习体系的参与者，大人就必须把自己做好。不是帮忙照看孩子，而是抱着守护业界未来的态度，召集一群小粉丝聚在自己身边。这样的学习体系会让人成熟，不是吗？

——也就是站在孩子的角度去选择老师，是吧？您应该也会被孩子们需要吧？

我一直以来都在做这样的事。还有一点，或许才是这个学习体系重要的核心部分，我称之为"名称未定学习体系空间"。

——嗯？未定？

名称未定，类别未定，就算以后决定也跟想象中有差别，所以不定也挺好的。大人设置的学习体系不管怎样都还是有专业性的偏向，虽然有魅力，但是对于应该保持中立立场的孩子们来说，他们更需要可以自由成长的空间，一个学习和生活绝不割裂、灵活又充满刺激的、能够保障生命安全和学习欲的空间。总之，应该是一个有保障的场所。

世界必须发生一些改变。
因为太没意思了啊……真是的！！

——请您再详细说明一下。

简单来说，这个场所就像公园一样，在某种程度上越宽广越好，这样就可以尽情在里面踱步、漫游，想停下的时候就停下来，想睡觉的时候就找一处阴凉睡下，口渴的时候就去喝水，肚子饿了就去餐厅，大家按照各自的节奏行动，总之是一个安全的生活空间。在那里，孩子们可以寻找适合自己的学习方法，比在家里待着要兴奋。比方说，那里有很多书，按下按钮就会流淌出音乐，想游泳就去游泳，想滑冰就去滑冰。可能听起来很像在公园里建一所幼儿园，本质却完全不同。

没有人指导，也没有人被指导。

这是一个可以保证完全没有指导和被指导的空间。

——大人们可以在那里吗？

可以，里面有辅导员，但不是老师之类的角色，他们绝对不会去指导孩子。

养育和教化这些观念已经过时，我认为取而代之的应该是自发的成长和懂事。慢悠悠的孩子会把食物吃得干干净净，善待事物，这已经得到过验证。人类应该自己管理自己的时间，这个空间应该能保证这一点，并让孩子从暴力的教育理论中逃离。

我尊敬的一位教育学者曾说："教育就是等待。"没错，这个空间也是等待的空间。

孩子们和同伴一起轻松悠闲地发现自己的特质，成人参与者不断摸索怎样成为一个好的辅导员，真是一举两得。

——不是老师，而是辅导员，在所有的学习体系里都是这样的吧，辅导员不是志愿者，他们有工资，我稍微了解了。您能再具体地描述一下吗？

嗯，比方说，一个九、十岁的扎着马尾的女孩活泼地走过来，有人问她："你去哪儿？"因为那女孩的充实感让人不禁想要询问她。她可能会说："我去书法GS（学习体系的略称），我正在挑战草书。傍晚要去游泳GS。再见！"还有脏兮兮的小男孩说："我现在沉迷于篆刻无法自拔，虽然很辛苦，但是很有趣。另外，料理GS也不错。这个月要做法式吐司，还有法式冻派和红酒炖牛肉。我可是认真的。"还会有这样的对话——"你弟弟最近好吗？""他还在名称未定GS哦，悠悠闲闲的。"这样，哥哥就变成了守护弟弟成长的一分子，多了不起。

——孩子们只去自己喜欢的GS？

只让天气和日期发生变化，别的都别变可以吗？
拜托了……

不，不是的。他们每周有三天每天要接受一小时的义务教育。

——一天只有一小时？

教授生活实用技巧的义务教育，一天一小时、每周三天就够了，其他时间都自由地度过。你觉得怎么样？

——嗯，感觉能专注起来。没有考试和作业吗？

没有。

——哇，好像《咯咯咯的鬼太郎》！

对了！义务教育的部分，还是偶尔考试比较好，主要是为了测试理解能力和掌握的程度，而不是为了进行成绩上的竞争。

去真正想去的地方

——那学历怎么办？

好吧，好吧，这是个好问题。这正是人们普遍担心的。实际上，如今并不是个太看重学历的时代。虽然公司会要求投递简历，实际上并不会认真看。就算简历写了毕业于斯坦福大学，公司也不会特别看重。靠毕业院校来证明个人能力的方式早已行不通了。

——您的意思是说，就算毕业于好学校也没用？

毕业于好学校只对那些会因此沾沾自喜、扬扬得意的人有用，对其他人没什么用，而且还常常会遭到诟病："从那么好的大学毕业，怎么还……"所以他们实际上也很难一直扬扬得意。

接受教育的权利等同于接受学校教育的权利，这种想法根本就是大错特错。不是接受学校教育的权利，而是学习的权利。对宪法第二十六条的最新解释是，社会有义务为个人提供各种学习的途径。正因如此，我才反复主张十二岁之前的儿童应该享有免费学习一切的权利，义务教育、主动学习体系、美术馆、博物馆、音乐会、动物园……都应该免费向儿童开放。当孩子们想做任何事的时候，都有处可去，我希望我们的社会制度像这样让人无后顾之忧。

——孩子们更希望在没有家长的陪同下行动吧。那交通费怎么办？

当然也免费。如果能实行的话，一定会有人这样说："对孩子们免费开放，这些场所就会变得熙攘嘈杂。"可为什么会嘈杂？那是因为孩子不是真心想去。如果一个孩子去了心心念念想去的动物园，才不会喧闹，也不会毫无节制地投食，他的态度会自然而然从心底发生改变。然而，如今的大人都按照自己的想法决定带孩子去哪里，"带他去动物园，他一定会高兴吧"，于是，孩子到了猴子面前就只会投食，到了大象面前就唱着"大象，大象，没有鼻子"的儿歌，要么就是唱"鳄鱼的嘴巴好大呀！磨牙的时候怎么办"……大人们随意在动物园里玩一通，被带去的孩子毫无热情可言，自然就会喧闹。

其实有很多大人也很喜欢动物园，他们时不时就得去一趟。因为动物园能调节人的精神状态，想去就可以去，很方便。静静地看着与自己不同的动物，就会觉得原来地球上、宇宙中还存在这样的生命。这绝不是一件坏事。很多人在情绪不稳定的时候会选择去动物园参观。我有段时间也常去，一动不动地盯着大猩猩看，大猩猩也盯着我。

不过，现在好好参观动物园已经很难实现了吧，孩子们喧闹个不停，全家人一起吃着便当，顺便投喂动物，动物园变成了有动物的公园。而园方也似乎预算不足，工作人员总是在里面跑来跑去，一副手忙脚乱的样子。

动物园也好，剧院也罢，或者是博物馆，真正想去时才去，体验就会不一样。这涉及到文化的成熟度。

有一次，我正久违地在奈良法隆寺的梦殿里忘我地参观，这时来了一群修学旅行的中学生，喧闹个不停。就在我心想"糟糕"时，领队的老师突然大声喊道："你们看了也不懂，赶紧往前走！"果如其言，学生们也诚实地回答着"是"，快速地走了过去。这位老师心里很清楚，孩子们并不是想来梦殿，而是想在寺院周围的商店买点木刀啦、印有舞女图案的手帕啦之类的小礼物，总之就是体验一场奈良之旅。

去自己真正想去的地方，这一点比较重要。

——去自己真正想去的地方，这一点大人都很难做到。例如很多人明明已经毕业了，却在修学旅行的行程中被带往不想去的地方。

我在电视上看到过这样一件事。某高校的建筑学院下有一个传统建筑系，有一次系里学习日本传统建筑的学生们去参观某座古刹，当看到窗框时大家兴奋不已，惊叹那种技艺太厉害了，其中一个学生说："我初中时在京都参观了五重塔，觉得太厉害了，自己也想建造那样的建筑，所以来到了现在的专业学院。"看到五重塔就有了想建造那种建筑的想法。他们太棒了！

也就是说，如果图书馆里都是想看书的人，音乐会上都是想听音乐的人，美术馆里都是想欣赏美术作品的人，博物馆里都是真正带着兴趣去看藏品的人，参观古建筑的都是梦想建造传统建筑的人，那将会是一番截然不同的景象。

而打乱这一切的，大概就是老师，他们带领学生去参观他们不想去的地方，开设不尽人意的文化教育课，还歇

强迫我做不愿意做的事，会出事的！
很危险的！

斯底里地让学生们安静，这样做是为了什么呢？运动会、成果展示会、演讲比赛……明明大家不想参加，可总是如期举办，学生们不得不参加。

——确实如此。

上了大学也一样。曾经有学生来邀请我去他们的校园文化节上发表演讲，我问他具体的想法，他却说没有特别的方案。我问他想听什么，他没有回答。我又问他为什么来找我，他说因为我有点名气。我还算是个温和的人，对他说："你好歹是校园文化节的主办方吧！"他听了后老实说："没错，可我并不是特别想做。"

那他参加校园文化节干什么呢？不喜欢的事，干脆不要做就好了，可是又没法放弃。这就是那种觉得"什么都体验一番是件好事"的人。

其实世界上有很多事应该鼓起勇气去放弃。

去学校这件事也应如此。只不过不上学这种话是不好讲出来的，只是我个人的见解罢了。

我觉得未来会变成两极分化的世界。

——两极分化？

是的，而且我认为这种分化是个人的选择。其实我也乐观地认为未来的人们会有更多选择，社会生活也会更加丰富。去学校上学和不去学校上学，被动学习和主动学习，结婚和不结婚，在企业上班和不在企业上班，靠养老金生活和不靠养老金生活等等方面的选择，不是由社会来决定，而应由个人决定并承担责任。这份责任可能源自个人的兴趣，也可能是信念理想。我早就觉得人的一切全都始于这份选择。

——能不能实现还很难说啊。

离实现还很遥远。不过我认为两极分化已经出现了，而且不止两极，还有可能是三极，甚至四极，那样的话，人类的生活会健康得多。现在全球化把一切都变得相似，很多东西刚起步就已经走向了毁灭。

我没有想要总结

我一直觉得，生物刚诞生时灵魂处于最高点，而且一直处于飘浮状态，直到最终随着死亡而坠落。也就是说，刚出生的婴儿灵魂位于一生中的最高点，飘在空中，乘风飞向远方。可惜灵魂也是物理意义上的生命，其宿命也是慢慢下落。

　　人们要做的就是反抗这个不断下落的过程，尽可能让灵魂保持飞翔的状态，这就是生命的努力。学习、思考、行动，全是为了让灵魂尽可能地飘向高处。

　　生物的共生意识也类似于灵魂一起飞翔的感觉。

　　遗憾的是，人类不知为何被某种体系束缚了，灵魂变得越来越沉重，无法飞翔，最后坠落，我非常能体会这种感觉。只要稍微留心，就会常常看到类似的灵魂下坠现象和这种体系的存在。

——为了不坠落，所以需要翅膀。

也许吧。这样想来，有点悲怆啊。其实人类本就是容易坠落的生物，因为大脑袋就是一种负担。

其他动物不是这样。我曾经长时间观察一只猎豹，发现动物的生命活动非常简单。它们有运动能力、寻找食物的直觉、感受危险的直觉，还有抚育后代的能力等，都是自己掌控着生命的节奏。我想，也许就是因为脑袋小，它们的直觉才这么敏锐。

再看人类。从头身比来看，人的头相对较大，也就是大脑大，尤其是现代人，脑袋所占比例真的很大。说人"脑袋大"怎么看都不是夸人聪明的意思。

——有人会这样觉得吧。

比如说，人能做出拥有非常复杂元件的机器，机器的功能虽然很多，但如果发生故障就很难修好。我已经对现在的汽车无奈了，一台车似乎有数万个配件。人脑正是由非常多的"元件"组成的，虽然具有高性能，可一旦错乱就很难找出原因。用现在的话说，人脑是一个拥有巨大容量的硬盘，大到不知道信息存在哪里，所以使用起来就相当费劲，也因此经常会受损伤。大容量的人脑在处理信息时，不论信息是否重要，都先一股脑地储存，所以才会有"填鸭式教育"这种东西。

我们常常会说，知识是力量，记忆是力量，经验与体验是力量，成功和失败也是力量，所有事物都堆积起来形成力量，充实的硬盘就塑造了人类充实的形象。

——总之就是要大容量。

但在幼儿教育中，知识固然重要，却不是全部。对于那些感情充沛、想象力丰富的孩子，应该让他们阅读绘本，尤其是在孩子的情绪和想象力还没有僵化之前。不过丰富的情感也伴随着另一面，例如多疑、慌张、混乱，人类的硬盘存储中本来就包含消极事物。

但是，也不能因为容量大就说人脑比动物的大脑更高级。据说三千年后地球就会毁灭，人脑就是一台储存了这些恐慌的硬盘，有人会因此而发疯。硬盘越大，越容易混乱，最后到了连简单的生物功能都不具备的地步。初等教育加剧了这种混乱。

所以我认为应该先镇定下来，重新慢慢把握大容量人脑的功能，想一想如何更好地使用它，如何在大脑产生核爆之前和平地利用它。

不管怎么说，现在已经是二十一世纪了。
想想办法吧！拜托你了哦！！

——但是大脑还是会被一直使用的。

没办法。不管怎么说，只有生物才有大脑啊。

不过，好不容易降生于世，我希望至少人们不要互相竞争和侵犯。我是我，你是你，他是他，她是她，大家都这样单纯地思考，快乐地期待未来，我希望是这样的……啊，我有点说累了。

——喝茶吗？

我其实是想喝的，不过假设这是一场演讲的话，最后还要有一个提问环节啊。

——嗯，在会场里传递麦克风之类的。

是的，虽然现场的听众朋友们不会立刻提出问题，不过总会有那么几个常见的问题。"我非常理解五味先生的话，但是……"之类的，我预感读完这本书的读者也会有类似的问题。不然我们试着做一个"纸上问答"怎么样？

——我来提问吗？

不，那样就没意思了。嗯，就拜托这本书的编辑了。

早川 ①：啊！您突然这样说，虽说有些吃惊，我还是会

---

① 日文原版书的编辑。

准备好的。我在想，再版的时候要不要加上这部分呢？关于提问的部分，我试着整理了一些在五味先生的演讲会、访谈中出现的问题，不小心就在其中投入了自己的感情。

　　情况就是这样。接下来是纸上问答的环节。

纸上问答

Ⓠ 对于讨厌的事，如果小时候不练习做，长大后会觉得困扰吗？

Ⓐ 人都是做了许多讨厌的事才长大的，可是长大之后依然会感到困扰，这是为什么呢？为了长大以后不感到困扰而必须做某些事，这样的设定难道不是从一开始就错了吗？

Ⓠ 您认为孩子们之间在学习方面竞争是坏事吗？

Ⓐ 我觉得不是坏事。只是这样做没有意义，而且没有风度。

Ⓠ 有人会认为自己家孩子很平凡，不像五味先生，这样的话，是不是没有学历就找不到好工作？

Ⓐ 那是因为这个孩子是在"做个平凡人"这样的教育理念下，"可喜可贺"地成了一个"平凡的人"，所以就只有靠学历生存这一条路了。我的看法是，没有生来就平凡的人。

Ⓠ 不会义务教育中的知识，长大后会感到困扰吗？

Ⓐ 义务教育的知识谁都会，因为都是些不用上学就能懂的知识。其他知识等将来用到的时候再学就是了。

Ⓠ 从小养成规规矩矩坐在桌子前的习惯不是很重要吗？

Ⓐ 对打算一辈子搞行政工作的人来说，大概很重要吧。

Ⓠ 不学习通识的人走向社会后会被歧视吗？

Ⓐ 不好意思，请重新阅读本书 35 ～ 36 页的内容。

Ⓠ 我家孩子完全不听父母的话，我很伤脑筋。

Ⓐ 我觉得他之前肯定听过你们的话，但是因为没意思，或者有时干脆是你们错了或误会了，所以最后他就只

能选择无视。

Q 小学课程是由文部科学省或厉害的专家们为了孩子们将来能好好地生存而设置的吧?

A 怎么可能,绝对不是。他们说到底只是为了教育出未来优秀的纳税人而已。我觉得小学课程就是为此才让孩子们充分学习的。

Q 我很想知道孩子在学校表现得怎么样,所以非常庆幸有三方面谈。

A 如果想让三方面谈有效果的话,那么更应该做的是三方共同生活。

Q 孩子去上学,我就安心了。

A 父母是安心了,孩子呢?

Q 我家孩子经常走神,我想是不是应该请老师适当提醒他一下。

Ⓐ 如果那样，他也只会心不在焉地回应。我反而觉得"走神"是他的能量来源，应该受到尊重。

Ⓠ 我觉得如果所有人都像五味先生这样做，社会就没法正常运转了。

Ⓐ 我也有同感。

Ⓠ 孩子如果不上学过集体生活，走向社会后会不会不适应？

Ⓐ 会，战争时期会不适应。发生灾害时集体行动有时是非常危险的，这一点已经被证实了。

Ⓠ 我觉得在当今的日本，孩子和大人的选择都太少了。

Ⓐ 从常识范围内选择，选项不可能多，类似于从早饭的菜单中做选择。如果您在选择时，说这不像早饭、那不像早饭的，那就没什么可选了。不过要是从食物的范围内选，那可广泛多了。

Ⓠ 我对您所说的GS（学习体系）非常感兴趣，不过这在

现行教育体系中是不可行的吧?

Ⓐ 我没有想要像革新派那样改变体制。我只是想象着一个独立、自在的个体在被社会化之后，还能有一个教育体系接纳他。虽然我也承认在人类历史完结之前，这样的体系也许绝不可能实现……但至少在我看来，这样的想象是必要的。

Ⓠ 如果按您说的做，我觉得家长会担心得不得了。

Ⓐ "按您说的做"这种想法是怎么产生的呢？还有"按政府说的做""按天皇陛下说的做"……这是我国国民的习惯性思维吗？反过来说，如果别人说得不太过分，按别人说的那样生活会更加轻松吗？把责任都推到别人的身上……

好了，时间到了，就到此为止吧。否则怎么说也说不完，又得再出一本书了。

——请喝茶吧，虽然有些凉了。

劳驾把这一部分放在纸上问答里，再见。

著作版权合同登记号：01-2020-7382

图书在版编目（CIP）数据

孩子不爱学，大人有问题 ／（日）五味太郎，（日）内海阳子著 ；
连子心译 . -- 北京 ：新星出版社 ,2021.8
ISBN 978-7-5133-4528-6
Ⅰ . ①孩⋯ Ⅱ . ①五⋯ ②内⋯ ③连⋯ Ⅲ . ①学习兴
趣－家庭教育 Ⅳ . ① G78 ② G442
中国版本图书馆 CIP 数据核字 (2021) 第 100062 号

孩子不爱学，大人有问题

[日] 五味太郎 [日] 内海阳子 著 连子心 译

责任编辑 汪 欣
特约编辑 任兆文 秦 方
装帧设计 李照祥
内文制作 杨兴艳
责任印制 李珊珊 史广宜

出 版 新星出版社 www.newstarpress.com
出 版 人 马汝军
社 址 北京市西城区车公庄大街丙 3 号楼 邮编 100044
电话 (010)88310888 传真 (010)65270449
发 行 新经典发行有限公司
电话 (010)68423599 邮箱 editor@readinglife.com

印 刷 北京天宇万达印刷有限公司
开 本 850mm×1168mm 1/32
印 张 6
字 数 65千字
版 次 2021年8月第一版 2021年8月第一次印刷
书 号 ISBN 978-7-5133-4528-6
定 价 35.00元
